10 Lições sobre SCHELER

Dados Internacionais de Catalogação na Publicação (CIP)
(Câmara Brasileira do Livro, SP, Brasil)

Kahlmeyer-Mertens, Roberto S.
10 lições sobre Scheler / Roberto S. Kahlmeyer-Mertens. – Petrópolis, RJ : Vozes, 2020. – (Coleção 10 Lições)

Bibliografia.
ISBN 978-85-326-6465-5

1. Filosofia alemã 2. Scheler, Max, 1874-1928 I. Título. II. Série.

20-33846 CDD-193

Índices para catálogo sistemático:
1. Filosofia alemã 193

Cibele Maria Dias – Bibliotecária – CRB-8/9427

Roberto S. Kahlmeyer-Mertens

10 Lições sobre SCHELER

Petrópolis

Rua Frei Luís, 100
25689-900 Petrópolis, RJ
www.vozes.com.br
Brasil

Editoração: Elaine Mayworm
Diagramação: Sheilandre Desenv. Gráfico
Revisão gráfica: Jaqueline Moreira
Capa: Editora Vozes
Ilustração de capa: Studio Graph-it

ISBN 978-85-326-6465-5

Editado conforme o novo acordo ortográfico.

Este livro foi composto e impresso pela Editora Vozes Ltda.

Sumário

Introdução

Apesar da inegável importância de seu pensamento, Max Scheler é filósofo proporcionalmente pouco presente nas arenas de debate. Hoje, mesmo em seu país natal, quando em cursos universitários se trata de sua filosofia, isso se restringe, na maioria das vezes, a pontos escolhidos da filosofia dos valores ou da antropologia filosófica (neste caso, já perspectivados diante de Helmuth Plessner e de Arnold Gehlen). Embora em sua época Scheler tenha tido destaque tanto na Alemanha quanto no exterior, a ponto de vermos suas obras traduzidas desde a primeira hora para o francês e já exercendo influência sobre jovens pensadores europeus que despontavam, nos anos posteriores à morte do filósofo seu pensamento esmaeceu até chegar ao estado de pouco entusiasmo de que atualmente padece. Desejamos ressaltar que, diferentemente de Edmund Husserl e de Martin Heidegger, autores ampla e constantemente referenciados, e de outros que vão conquistando seu espaço (como Edith Stein), os estudos da filosofia scheleriana são majoritariamente ativos em nichos acadêmicos especializados e, nas últimas cinco décadas, se assim podemos avaliar, vive principalmente por mérito dos pesquisadores de língua espanhola[1].

Alguns atribuem o pouco movimento em torno de Scheler ao fato de ser um filósofo contemporâneo e a relativamente recente recepção de sua obra não teria desencadeado, ainda, a atenção das novas gerações; outros argumentarão, contrariamente, que é pelo fato de o filósofo ter morrido precocemente, há mais de noventa anos, que o interesse por seu pensamento teria decaído com os anos; há aqueles que sustentam que, por sua ascendência judaica, Scheler teria a difusão de sua obra prejudicada pela proibição do regime nazista de se ensinar as ideias de autores judeus na universidade alemã; outros ainda são da opinião de que o temário de Scheler não atende à agenda da Filosofia do século XXI. Em lugar de discutir a plausibilidade das hipóteses mencionadas ou de especular sobre quais compreensões e circunstâncias atuam na história da repercussão do pensamento de Scheler, empreenderemos uma incursão em sua filosofia, de modo a apresentar temas e questões fundamentais,

---

1. Esta apreciação, a princípio impressionista, encontra respaldo nos seguintes estudos: PINTOR-RAMOS, A. Max Scheler en el pensamiento hispánico. In: *Revista de Occidente*, n. 137, 1974, p. 40-61. • FERRAN, Í.V. Schelers anthropologisches Denken und frühe Rezeption in Spanien. In: *Phänomenologische Forschungen*. Hamburgo: Felix Meiner, 2009, p. 176-201.

apontando o alto nível das reflexões e a apreciável consistência (não obstante lacunas ocasionais) características de suas propostas filosóficas. Compreendemos que nosso comentário constitui modesta iniciativa, cujo valor, queremos crer, reside em tentar dizer o que Scheler significa para o presente do pensamento filosófico.

Mesmo sob uma inspeção preliminar, a filosofia scheleriana se nos mostra empenhada em compreender rigorosamente e com evidência as essências e as conexões fundamentais dos fenômenos que se nos dão. Assim procedendo, o filósofo não se exime do diálogo com a tradição, do qual extrai elementos para pensar as vivências humanas, mas também o absoluto. É neste sentido que indicamos a dupla vocação dessa filosofia: ela é, por um lado, pensamento do finito e da vida prática; por outro, um olhar perscrutador ao fundamento e ao modo como o humano participa do absoluto. É ainda nesse sentido que se afirma que a filosofia de Scheler segue do personalismo axiológico rumo à antropologia metafísica.

Em face disso, indagamos: Que perfil teria um autor cujo pensamento se deslinda nessa direção? Que vínculos Max Scheler verdadeiramente teria com a fenomenologia? Como o método fenomenológico contribuiria para o projeto filosófico de uma ética material dos valores? De que modo, a partir da crítica a certo formalismo identificado em Kant, Scheler chegaria a uma filosofia de caráter ontoaxiológico? Como a filosofia scheleriana reabilitaria o sentimento como modalidade de captação do essencial, quando em questão está o valor, a ponto de podermos falar de fenomenologia da vida "sentimental"? De que maneira a axiologia de Scheler teria conexão com o conceito de *pessoa*, e como essa axiologia estaria ligada à doutrina chamada *personalismo ético*? Como o estudo de fenômenos como o do *ressentimento* atuaria na edificação da moral, especificamente a cristã-burguesa? Como a tematização da *simpatia*, operada pelo filósofo com interesse ético, seria capaz de fundamentar uma doutrina ética? Que inovações são trazidas pela antropologia credenciada como disciplina filosófica, na obra tardia de Scheler? Por fim, em que medida essa antropologia filosófica seria capaz de indicar a essência do homem e, por sua vez, o contato da essência humana com um presumido fundamento divino da realidade?

Os dez capítulos deste livro procurarão tratar das perguntas acima formuladas, uma a uma. Orientados pelos problemas que essas perguntas revelam, julgamos poder conquistar um pequeno mas firme acesso à filosofia de Max Scheler. Ainda que as questões não sejam objetivamente respondidas ao longo dos capítulos que lhes correspondem, presumimos que oferecem bom mote para o exercício de introdução ao universo filosófico scheleriano.

Estamos profundamente convencidos de que algumas das principais virtudes do pensamento de Scheler se darão a conhecer no percurso das dez lições que se seguem. Chamamos atenção, todavia, para aquele que compreendemos ser o maior mérito de nosso filósofo: entre todos os contemporâneos, talvez tenha sido Scheler aquele que mais claramente confrontou certa despotencialização do espírito própria à nossa época, tendência observada principalmente nos meios acadêmicos, que, cedendo às requisições de especialização e da perícia, depauperam o espírito ao transformá-lo em inteligência. Como será possível advertir, a partir daqui, a filosofia de Scheler *não* admite um pensar no qual o espirituoso e o retórico mascaram a ausência de espírito e a incapacidade de transcendência.

Primeira lição

Retrato do novo Fausto

"[...] Fausto, irrequieto, sentado em sua poltrona junto à escrivaninha"[2]. – Poderíamos começar assim a apresentação da figura filosófica de Max Scheler, pois nosso filósofo ambicionou o conhecimento à maneira do personagem da tragédia homônima de Goethe. Tendo vivido a porção final do profícuo século XIX e quase inteiramente as três primeiras agitadas décadas do XX, Scheler foi uma das cabeças de primeira grandeza naquela cena filosófica alemã. Interessou-se pelo desenvolvimento das ciências naturais e humanas, ocupou-se da axiologia impactando a arcaica ordem jurídica germânica e influenciando ainda hoje as ciências sociais, ensaiou no terreno da teologia e das ciências da religião e, ainda, acompanhou atento os movimentos culturais da época[3], para acolher tudo o que podia

---

2. GOETHE, J.W. *Goethe's Faust*. Nova York: Anchor Books, 1990, p. 92 [Trad. Walter Kaufmann. Edição bilíngue alemão-inglês].

3. MÉTRAUX, A. *Scheler ou la phénoménologie des valeurs*. Paris: Seghers, 1973 [Col. Philosophes de Tous les Temps].

alimentá-lo em seu caminho rumo às essências. A consciência, nessa permanente dinâmica de síntese, é ativamente transmitida pela *pessoa* e *obra* do filósofo, justamente por estas trazerem um pensamento constituído por aquilo que o pensador, ao abordar em sua obra a figura paradigmática do gênio, nomeou "valores espirituais puros"[4] – valores indissociáveis da marca individual deixada pela pessoa em apreço e por suas ações.

Considerando isso, diante da requisição de dizer algo sobre a vida e a obra do autor (além de cientes da parcialidade de qualquer biografia), perguntamos: Como oferecer aqui uma imagem que trouxesse à luz os referidos valores espirituais puros? Como fazer visíveis as marcas da individualidade de Scheler e do modo como ele as imprimiu nos temas e nas questões que abordou? Como deixar transparecer a substância de valor dessa obra filosófica no requisitado relato? Assim, quando indagações como essas se afiguram enigmas e qualquer resposta a elas ameaça nos deixar apenas diante de palavras, o recurso à experiência da arte pode ser um bom começo.

O artista plástico alemão Otto Dix pintou um retrato de Scheler em 1926. Será iniciando por essa

---

4. SCHELER, M. *Modelos e líderes*. Curitiba: Champagnat, 1998, p. 79 [Trad. Ireneu Martim].

obra que apresentaremos o filósofo. Desde o início, no entanto, é preciso declarar que, ao recorrermos à arte para viabilizar nosso fito, não possuímos qualquer interesse estético ou teórico na arte. O que queremos, no retrato do filósofo, é – cientes do quanto a arte do retrato é capaz de reter traços indicativos de uma *persona* e de plasmar elementos afetivos – tomar conteúdos e atos espirituais que ali se indiciam. Destarte, aqui nos concentraremos em expor o que o quadro expressa e em acompanhar a malha vivencial, para então descrever o conteúdo objetivo e o modo de ser do que ali se mostra.

Focalizando imediatamente os indícios que a imagem apresenta, eis que temos Max Ferdinand Scheler (1874-1928), num traje cinza de três peças. Em acordo com o costume da época, traz o paletó aberto por cima do colete e as pernas, afastadas uma da outra, alinham-se aos braços, continuando o desenho iniciado pelas abas do terno. O ventre convexo, visível sob o colete e a calça engelhada, destacam o quanto o corpulento homem pesa sobre a otomana na qual está sentado. Da manga demasiado curta do paletó (que mais parece de bronze do que de tecido), sai uma mão possante e trigueira, que, pelo modo como repousa sobre a coxa, se insinua capaz da delicadeza.

No alto dos ombros tão largos quanto pendentes se encrava a volumosa cabeça, que quase encobre o pescoço taurino que a sustenta. Escasso em cabelos, o crânio mostra testa ampla da qual uma linha perpendicular pode ser espontaneamente traçada, percorrendo o nariz saliente por seu dorso até a ponta levemente fendida; no campo inferior a esse, o bigode, castanho e ralo, aparado à escovinha, faz sobressair lábios quase sensuais. A face escanhoada deixa transparecer marcas de expressão, o que indicia que estamos diante de um homem de seus cinquenta anos, de sorte que podem ser vistas ruguinhas nos cantos dos olhos e pequenas bolsas a fluir das asas das narinas para as faces, acompanhando as linhas naturais que separam a boca das bochechas – tenra nota que atenua a rigidez óssea dos zigomas. Abaixo da linha vigorosa do queixo, além mesmo da papada que o duplica, aparece, na moldura do colarinho, uma fina gravata estampada, pretendendo-se um toque de graça. Ali, contudo, no conjunto formado pela cabeça, o pouco pescoço integrante do grosso e sinuoso perfil formado pela nuca, pelos ombros caídos e pelas costas, tal adereço só ressalta a desarmonia generalizada da figura até aqui descrita. É uma desordem o que temos (!), como se tudo retratado expressasse, objetivamente, uma espécie de caos existencial[5].

---

5. MADER, W. Scheler. In: *Selbstzeugnissen und Bilddokumenten dargestellt von Wilhelm Mader*. Hamburgo: Rowohlt, 1980, p. 98-99.

Nosso exercício de descrição fenomenológica, entretanto, não estaria completo se estacasse aqui. Até o momento, talvez só tenhamos exposto "[...] um documento entusiasmante do novo estilo da feiura"[6], devido a termos apenas percorrido a rede mais periférica das indicações e remissões que a imagem mostra. Se, todavia, comportarmo-nos de modo a resistir à difícil tentação de retirar os olhos da tela – e, sobretudo, não ceder à tendência de, por meio de um comportamento teórico, inserir sentidos que nos colocariam diante de uma semântica previamente constituída que só nos desviaria dos significados que imediatamente se expressam na imagem –, então novo campo compreensivo se inaugura, de modo a podermos prosseguir na descrição indo mais além dos conteúdos significativos da figura de Scheler.

O que a imagem ainda nos mostra? Que sinais teriam ficado negligenciados até aqui?

Demorando-nos mais na imagem, vemos o filósofo posando; no entanto, apenas o fundo violáceo não nos permite precisar em que local. O modelo fita um ponto adiante. Até poderíamos presumir que tal olhar se dirija a certo item do recinto, item fora do campo de visão do espectador do quadro e, por

---

6. GADAMER, H.-G. *Hermenêutica em retrospectiva.* Petrópolis: Vozes, 2012, p. 404 [Trad. Marco Antônio Casanova].

isso mesmo, indeterminado para nós. Se dermos foco atento ao modo como aqueles olhos olham, vemos que eles não divisam um objeto presente naquele ambiente; tal vista não se dirige a um objeto concretamente presente. Ora, seria, então, uma olhada à toa, relanceada displicentemente? Não, definitivamente não se trata de uma mirada alheia. Tal olhar indicia que o filósofo não parece estar de todo presente na sessão de pintura; somado a esse indício, o sobrolho esquerdo erguido, sem presunção, indica um esforço tenso por melhor tomar uma ideia. Na figura, as linhas da testa, que reforçam a crispação áspera do supercílio, denunciam a tensão de um rosto vigilante, cujos olhos ameaçam, a qualquer momento, se injetar ainda mais, trazendo-nos a lembrança de demônios do folclore japonês. Agora sabemos, com clareza, o que expressam aqueles olhos de radiância solar. Tal ato designa uma aguda penetração do ver imediatamente dirigida ao fenômeno, uma força intuitiva voltada às essências e que, igualmente, deixa patente certa dinamicidade criativa, e terrível também, encontrada no personagem Fausto: "Ah! Que encanto irrompe neste olhar, / imediatamente em tudo que sinto. / Força flamejante, singular, / *ê*xtase fremente que flui pelos nervos"[7].

---

7. GOETHE, J.W. *Goethe's Faust.* Op. cit., p. 96.

Após vivenciarmos primordialmente Scheler, é possível dizer que nosso horizonte se preenche por nova significação. A inspeção de seus atos, a intuição de todo o caos daquela figura (descrito em nosso primeiro movimento), expressa-se na verdade daquelas vivências e se mostra como conhecimento singular daquela pessoa. É como se a consciência que foi Scheler não se ajustasse a um mundo de familiaridade com os fenômenos; é como se ele não se deixasse absorver completamente pela atitude natural; como se, para ele, a imersão no mundo cotidiano não se realizasse inteiramente e disso resultasse numa postura de permanente inconformidade. Destarte, em comportamento discriminador frequente, o filósofo fácil se postava em atitude fenomenológica, denotando a força intuitiva, a impetuosidade e a intensidade espiritual que são marcas de sua pessoa e filosofia.

Em uma consideração da biografia de Scheler, muitas são as narrativas que atestam esse comportamento de "indócil potência impulsiva"[8]. Alguns desses relatos dizem que Scheler trazia "olhos de um homem que verdadeiramente sabia ver"[9] e que:

---

8. LÜTZELER, H. *Der Philosoph Max Scheler.* Bonn: Bouvier, 1947.

9. HILDEBRAND, apud AZEVEDO, J.L. *Max Scheler* – Exposición sistemática y evolutiva de su filosofía. Buenos Aires: Nova, 1966, p. 13.

"A todo momento, seu ser exalava autêntica vigília filosófica"[10]. Gadamer ilustra um pouco disso ao contar que "[...] Scheler costumava começar seu dia com as mãos trêmulas nos botões de sua camisa e, atando a sua gravata, ele falava incessantemente em voz alta, ensaiando, rejeitando, ousando possibilidades do pensamento que ele perseguia em suas consequências mais extremas [...]"[11]. Formidável também era sua fecundidade: "[...] filosofava da manhã à noite, e não só no escritório ou na universidade, mas também no café, no passeio, no teatro, no baile, no cabaré"[12]. Se tomado por *insights* luminosos, que geralmente ocorriam durante diálogos, não hesitava em anotá-los em qualquer retalho de papel que lhe estivesse à mão, em alguma página em branco de um livro que trouxesse a tiracolo, no verso de um guardanapo e até no de cardápios de restaurantes, chegando mesmo ao cúmulo de tomar apontamento nos punhos engomados das próprias camisas. Gadamer novamente relata que, quando uma leitura interessava a Scheler, este a devorava e se deixava arrebatar por ela e, ainda gravitando

---

10. Ibid.

11. GADAMER, H.-G. *Hermenêutica em retrospectiva.* Op. cit., p. 404.

12. AZEVEDO, J.L. *Max Scheler* – Exposición sistemática y evolutiva de su filosofía. Op. cit., p. 14.

na constelação de ideias do que lera, volta e meia "[...] obrigava colegas que encontrava a tomar parte em sua experiência, arrancando simplesmente do livro que estava lendo folhas inteiras, para apertar na mão do indivíduo tomado repentinamente por espanto"[13]. Dizia-se mesmo que Scheler tinha algo de "demoníaco" ou que, por vezes, parecia "ébrio de essências"[14] – de sorte que questionamos se nosso "Fausto" não teria também rasgos de "Mefistófeles". Hildebrandt dá relevo a isso quando diz: "Scheler tinha traços demoníacos, como deixava transluzir sua fisionomia: a violência elementar de seus ímpetos, a qual dificilmente domava, e a crescente descontinuidade de sua vida aceleravam o tempo de sua caça a novas intuições"[15]. Por fim, Max Scheler era "[...] alguém constantemente em atividade, alguém que recebia frequentemente a visita da filosofia"[16].

Após as narrativas acima – umas memorialistas, outras anedóticas – convém perguntar: De que

---

13. GADAMER, H.-G. *Hermenêutica em retrospectiva.* Op. cit., p. 404.

14. ORTEGA Y GASSET, J. *Kant-Hegel-Scheler.* Madri: Revista de Occidente, 1982, p. 143.

15. Apud AZEVEDO, J.L. *Max Scheler* – Exposición sistemática y evolutiva de su filosofia. Op. cit., p. 16.

16. GADAMER, H.-G. *Hermenêutica em retrospectiva.* Op. cit., p. 404.

questões se ocupou Scheler? Que percursos realizou? Como começa tal filosofia? Que formação teve o filósofo?

Mais relevante do que dizer que o filósofo nasceu em Munique no dia 22 de agosto de 1874, no seio de uma burguesia alemã média e culta, filho de mãe judia e de pai luterano (depois convertido ao judaísmo), é indicar que foi tarde que o autor despertou para a vida estudiosa. Foi insipiente, foi mesmo medíocre, a passagem do jovem Scheler pelo Ginásio Luitpold (Luitpold-Gymnasium) de sua cidade natal. Sua inquietação, sua desordem, seu desinteresse, sua pouca aplicação e os consequentes baixos rendimentos levaram o Prof. Römer (que lhe dera lições entre os anos de 1892-1893) a estimar que, embora talentoso, o que o rapaz vira nesse período estudantil pouco teria agregado à sua formação. Dizemos que isso é importante, pois parece ter sido apenas quando se colocou diante do horizonte de possibilidades da Filosofia que nosso candidato a filósofo lançou um olhar inteligente sobre si mesmo.

No outono de 1894 ele se ocupou de psicologia e da filosofia e, em sua rápida passagem pela Universidade de Munique, foi aluno de Theodor Lipps, precursor dos estudos sobre a empatia, ainda à luz do psicologismo. No semestre de verão seguinte (1895), Scheler se matriculou no curso de medicina em Berlim; no entanto, seus encontros com Wilhelm Dilthey e Georg Simmel (e a participação como ouvinte nas preleções de Carl Stumpf) o levaram a se envolver uma vez mais com a filosofia. Isso evidencia o quanto a filosofia da vida (*Philosophie des Lebens*) de Dilthey e a psicologia social de Simmel seriam influências sentidas sobre as ideias de Scheler. Naquele período, trava seus primeiros contatos com a filosofia do neokantismo e passa a fazer leituras a sério de Nietzsche (até então, as leituras que fizera desse autor tinham sido diletantes, por recomendação de Ernst Fürther, um tio por parte de mãe).

No período de inverno de 1896-1897, Scheler seguiu para a Universidade de Jena, instituição que, no século XIX, dividiu com Berlim o prestígio de ter sido um dos centros de estudo e formação da filosofia idealista. Ali escreveria sua tese de doutoramento, tendo Eucken por orientador[17]. Em Jena, embora tenha assistido preleções do filósofo da natureza Ernst Haeckel e do neokantiano Otto

---

17. Ora, quando se fala de Rudolf Christoph Eucken, a nós se presentifica o ilustre laureado pelo Prêmio Nobel de Literatura de 1908 e poucos recordam que Eucken, em Berlim, fora aluno de Friedrich A. Trendelenburg, de quem o apelo a uma filosofia do espírito causara forte impressão no seu pensamento. Mesmo assim, no entanto, o pensamento de Eucken também conjugava ideias de Fichte, o que resultava em um "neoidealismo", um idealismo que tinha olhos para o espírito na história.

Liebmann, foi a batuta de Eucken a responsável por orquestrar os afãs de pensamento de Scheler, conduzindo-o a um desfecho cheio de êxito; pode-se, assim, dizer que Scheler: "Encontrou no neoidealista R. Eucken não apenas seu orientador (*Doktorvater*)[18], mas também um amigo paternal"[19]. Desse modo, no ano de 1897, nosso filósofo defendeu a tese *Contribuições para a determinação das relações entre os princípios da ética e os da lógica*[20].

Depois de uma breve temporada de estudos em Heidelberg, na época em que Max Weber ainda lecionava (1898), Scheler (noivo de Amelie Ottilie von Dewitz-Krebs desde os anos de Berlim) se casaria pela primeira vez. Era também o período em que preparava sua tese de habilitação à docência, que apareceu em 1899, sob o título de *Os métodos transcendental e psicológico*.

Por mais que nosso filósofo tenha feito experiências em muitos campos do saber e estudado com muitos doutos de seu tempo, avaliamos que a

---

18. No alemão, literalmente: "doutor-pai". O termo é usado no meio universitário alemão e acentua o caráter paternal da relação entre professor e aluno. Esse sentido se obscurece com a tradução para "orientador" em português.

19. HENCKMANN, W. *Max Scheler*. Munique: Beck, 1998, p. 17.

20. Cf. FRINGS, M.S. Max Scheler: Early pioneer of twentieth-century philosophy. In: *Modern Age* – A quartely review, vol. 40, n. 3, verão/1998, p. 271-280.

influência de Eucken tenha sido crucial para essa primeira fase do pensamento de Scheler, bem como das subsequentes. Alguns insinuam que os principais temas do pensamento scheleriano teriam ganhado seus embriões da filosofia de seu mestre. Sem querer entrar no mérito dessa sugestão, ao menos se deve concordar com Heidegger quando diz que os inícios filosóficos de Scheler foram conduzidos por Eucken e que, o que Dilthey, Weber, Bergson e Simmel encontraram, cada um a seu modo, mais tarde seria visto também em Scheler com ainda mais radicalidade filosófica e de maneira completamente originária[21].

Jena, distrito urbano da Turíngia, ficou pequeno para Scheler depois que este, no ano de 1901, teve seu primeiro contato com Edmund Husserl, criador do método fenomenológico e iniciador de pesquisas filosóficas à luz desse método. É o próprio Scheler que relata esse episódio, indicando que ele ocorrera na cidade de Halle durante um evento do grupo de estudos de Kant (*Kantstudien*). Nesse encontro se estabeleceu uma conversa sobre os conceitos de intuição e de experiência: "Tal foi o ponto de partida dos laços espirituais que passaram

---

21. Cf. HEIDEGGER, M. In memoriam Max Scheler. In: *Metaphysische Anfangsgründe der Logik im Ausgang von Leibniz*. Vol. 26. Ed. completa. Frankfurt am Main: Vittorio Klostermann, 1978.

a existir entre Husserl e o autor, e que foram para este [Scheler] extraordinariamente fecundos"[22].

A forte impressão que as ideias da fenomenologia deixaram em Scheler foi responsável pelo trânsito mais que natural dos estudos de lógica aos da fenomenologia e pelo início de um trabalho engajado que durou quinze anos (1906-1921)[23]. Julgamos que isso constitua a entrada em uma segunda fase de seu pensamento[24]. Diante do exposto, cabe interrogar: O que teria despertado o interesse de nosso filósofo pela fenomenologia a ponto de ligá-lo a ela por laços tão intensos? Com a ajuda de Gadamer conseguimos responder a uma parte dessa indagação:

> [...] a aversão às construções abstratas e a visão intuitiva para verdades essenciais.

---

22. SCHELER, M. Wesen und Formen der Sympathie. In: FRINGS, M.S. (ed.). *Gesammelte Werke*. Vol. 7. Berna: Francke, 1973, p. 26.

23. MADER, W. *Scheler*. Op. cit., p. 30.

24. Por mais que haja outros modos de periodização da obra de Scheler, acolhemos aqui a proposta por Angélika Sander. Com uma divisão mais uniforme e específica, a acatada estudiosa distribui didaticamente a obra em três fases: *inicial*, que compreenderia seus anos estudantis, sua ligação com o neokantismo, com a filosofia da vida e com o espiritualismo bergsoniano; *intermediária*, abrangendo o período fenomenológico até a filosofia dos sentimentos; e *tardia*, compreendendo sua sociologia do conhecimento, sua antropologia filosófica e a metafísica. Cf. SANDER, A. *Max Scheler zur Einführung*. Hamburgo: Junius, 2001.

> No interior do círculo fenomenológico, entendia-se por tais verdades as compreensões que não podiam ser conquistadas ou verificadas empiricamente, mas que só eram acessíveis em uma abstração ideadora [...]. Método para cá, método para lá, mas com um dom intuitivo, Scheler excedeu todos os assim chamados fenomenólogos, e, em termos de força intuitiva, ele não era em nada inferior ao mestre Husserl [...][25].

Scheler viu que a fenomenologia, tal como consignada nas *Investigações l*ógicas (1900), de Husserl, proporcionaria um renovo ao conhecimento. Esta, afinal, lograria um conhecimento verdadeiramente apodítico e livre dos riscos dos relativismos. Nosso filósofo compreendeu que, com a fenomenologia, mais do que a possibilidade de se intuir categorialmente conteúdos gnosiológicos (= do conhecimento), se viabilizaria também a possibilidade de tomar a objetividade ideal de conteúdos axiológicos (= valores) no solo imediato das vivências puras. Adicionando-se a isso o que Gadamer chamou de "dom intuitivo fenomenal", temos, uma vez mais,

---

25. GADAMER, H.-G. *Hermenêutica em retrospectiva.* Op. cit., p. 40. Impressão endossada por Rothacker, que aprecia: "Que cabeça original era Scheler, que criatividade e força intuitiva!" Cf. ROTHACKER, E. *Heitere Erinnerungen*. Frankfurt am Main/ Bonn: Athenäum, 1963, p. 26.

Fausto (e seu duplo, Mefistófeles) manifesto em Scheler. É ele que diz, diante dos racionalismos e dos metodologismos de sua época, o seguinte: "Cinza, meu caro amigo, é toda teoria / e verde a árvore áurea da vida"[26].

Esse preceito é ativo no pensamento "verdejante" de Scheler. Ele atua em sua crítica ao formalismo da ética neokantiana, de sua axiologia fenomenológica, do questionamento pelo lugar paradigmático do humano e, de modo geral, na oposição a teorias idealistas e a sistemas de conceitos abstratos. Tais posições fariam de Scheler um fenomenólogo *sui generis*, marcando sua diferença frente a Husserl e mesmo aos articulistas da escola fenomenológica de Munique (com os quais convivera em 1907)[27].

No ano de 1906, em razão de problemas conjugais e de um embaraço que sua esposa Amelie lhe fez entrever, o filósofo se separa; em 1910, por causa do ocorrido, Scheler tem sua *venia legendi* cassada, ficando assim impedido de exercer suas atividades docentes. Uma vez exonerado da Universidade de Munique, onde atuava desde dezembro de 1906, começa na vida de Scheler um período de nove anos marcado por precariedade financeira, mas por rica produtividade intelectual. Scheler dei-

---

26. GOETHE, J.W. *Goethe's Faust*. Op. cit., p. 206.

27. Cf. a "Segunda lição".

xou Munique e morou por algum tempo em Göttingen, junto ao amigo Dietrich von Hildebrand; ali, manteve contato com o círculo de estudantes ligados a Husserl: Adolf Grimme, Adolph Reinach, Alexandre Koyré, Edith Stein, Hans Lipps, Hedwig Conrad-Martius, Jean Hering e Roman Ingarden. Em 1912, quando saiu seu divórcio, estabeleceu-se em Berlim, onde contraiu, no mesmo ano, matrimônio civil com sua aluna Märit Furtwängler (o casamento religioso ocorreria em 1916). Naquela cidade também desenvolveria alguns dos seus principais trabalhos, entre eles: *O ressentimento na construção de sistemas morais* (1912); *O formalismo na ética e a ética material dos valores* (1913); além de uma primeira versão de *Essência e formas da simpatia* (1913).

Atuando ora como professor particular, ora como jornalista *freelancer* e como coeditor no influente periódico criado por Edmund Husserl, *Anuário de filosofia e pesquisa fenomenológica* [*Jahrbuch für Philosophie und phänomenologische Forschung*], Scheler não ficou indiferente ao debate político acerca da entrada da Alemanha na Primeira Guerra Mundial. A personalidade inquieta que descrevemos a partir do retrato pintado por Dix seria a responsável por seu entusiástico engajamento no grupo que propagava a iniciativa de guerra.

Apesar de apoiar o conflito, tal grupo não era formado por extremistas fanáticos. Ao contrário, pertenciam a ele algumas das mais ilustres mentalidades da época: Alfred Weber, Ernst Troeltsch, Friederich Meinecke, Joanes Plenge, Otto von Gierke, Thomas Mann, Walther Rathenau e Werner Sombart. Encarregados de despertar o fervor pela causa com ideologia e discursos que apelavam ao dever sagrado e à virilidade heroica, eles interpretavam a guerra de modo romântico, atribuindo a ela o estatuto de profunda transformação histórica e de agente ressignificador do *status quo* espiritual contra uma cultura degradada e uma civilização decadente. Entendiam que, pela via das armas, se poderia reconhecer autenticamente a singularidade dos povos e de suas indeléveis semblâncias. O próprio Scheler, que já desfrutava da notoriedade granjeada por seu *O formalismo na ética e a ética material dos valores*, causaria sensação com seu ensaio *O gênio da guerra e a guerra alemã* (1915) e com outros de sua lavra, como: *Guerra e reconstrução* (1916) e *As causas do ódio alemão* (1917)[28].

Mesmo os que poderiam reprovar a enlevada retórica heraclítica, reputando-a mistificação (a exemplo de Max Weber e de Carl Schmitt), mesmo eles

---

28. Cf. STAUDE, J.R. *Max Scheler (1874-1928)* – An intellectual portrait. Toronto: The Macmillan Company, 1967.

sequer presumiam que essa guerra impingiria a todos um sinistro sem precedentes. Afinal, os partidários do elogio à guerra enquanto agente transformador ainda concebiam a atividade bélica em seu formato pós-napoleônico, desconhecendo as proporções e o impacto devastador de uma guerra mundial. Assim, em vez da jubilosa restauração da fé no espírito, em vez do triunfo secular da Alemanha, o que se presenciou nas trincheiras da Primeira Grande Guerra foi a augusta morte dos princípios e das crenças da Europa, ao lado daquela dos jovens que, com arroubo, deixaram suas casas ao som de discursos pomposos e de festividades cívicas.

No pós-guerra, uma nomeação para a cátedra de filosofia da Universidade de Colônia (1919) pôs fim a seu afastamento das atividades docentes e então Max Scheler voltava a ser professor. São obras dessa fase: *Essência e formas da simpatia* (em sua versão final de 1923) e *Escritos sobre sociologia e doutrina da visão de mundo* (também de 1923). E, antes desse: *Do eterno no homem* (1921). Esta última obra marca, ao mesmo tempo, uma aproximação da filosofia da religião e um distanciamento do cristianismo. Scheler (convertido ao catolicismo desde os 15 anos de idade) já havia se distanciado da fé cristã por ocasião do seu primeiro casamento com uma mulher divorciada (Amelie) e, agora, distancia-se mais ao pedir a anulação do seu segundo casamento (com Märit), para desposar, em 1924, outra aluna: Maria Scheu[29].

Ao contrário, contudo, do que se poderia pensar, não foram pessoais as motivações principais que afastaram o filósofo de sua orientação cristã. Desde que se fez fenomenólogo, passando a proceder à redução fenomenológica de Husserl com vistas ao *a priori axiológico* e à vida sentimental, Scheler se volta a temas como a ética, o ressentimento, a simpatia, o amor e a religião. Isso o reaproximou das leituras de Agostinho, de Pascal e de Spinoza, feitas no período em que estudou com Eucken; com o auxílio especialmente do segundo, Scheler traz a lume uma ordenação hierárquica de valores, ordem *a priori* e inata que, uma vez entrevista por certa "ordem" ou "lógica do coração", seria capaz de orientar comportamentos humanos. Nesse mesmo período, imperativos do pensamento fariam com que Scheler assumisse, para surpresa e desgosto dos círculos cristãos nos quais era admirado, algo que, para uns, soou a saída do teísmo para

---

29. Maria Scheler (1892-1969) foi companheira do filósofo até sua morte; seria também mãe de Max Georg Scheler (1928-2003), o único filho do filósofo. A viúva foi detentora dos direitos autorais da obra e organizou textos póstumos sob o título de *Escritos do espólio* [*Schriften aus dem Nachlass*], editados em março de 1929. Tal iniciativa deu início ao projeto de edição das *Obras reunidas* (*Gesammelte Werke*), em 1954 (continuado por M. Frings, a partir de 1969).

um “panteísmo” e, para outros, uma filosofia que propugnava: “[...] a ideia do Deus fraco, do Deus que não pode ser sem o homem, então fez que o homem mesmo fosse pensado como ‘cooperador de Deus’”[30]. Aqui temos mais propriamente a passagem para a terceira e última fase do pensamento scheleriano.

Concomitantemente a esse projeto, nosso filósofo, que não tinha qualquer problema em atuar em várias frentes ao mesmo tempo, trabalha numa *sociologia do saber* (a partir de 1921) e numa *antropologia filosófica* (a partir de 1922). Esta última, planejada em amplitude, só chegou a ser publicada na forma de uma conferência intitulada *A posição específica do homem no cosmos* (1927), reeditada depois em versão reelaborada e definitiva sob o título de *A posição do homem no cosmos* (1928).

Em 1928, Max Scheler deixou a Universidade de Colônia para, depois do honroso convite da Universidade de Frankfurt-do-Meno, assumir as cátedras de Filosofia e de Sociologia. Isso não chegou a acontecer. No dia 19 de maio daquele mesmo ano, aos 54 anos de idade, o autor de *Do eterno no homem* morre fulminado por um infarto do miocárdio.

---

30. HEIDEGGER, M. *In memoriam* Max Scheler. Op. cit., p. 63.

A perda que esse desaparecimento significa foi avaliada por Heidegger em seu necrológio ao filósofo de Munique:

> Max Scheler era – para além de sua estatura e do tipo de sua produtividade – a maior força filosófica da Alemanha atual, não, da Europa atual e até mesmo da filosofia contemporânea em geral. [...] Não há quem possa substituir a possibilidade vivida da filosofia que com ele falece. Essa insubstituibilidade é sinal de sua grandeza. A grandeza de tal existência só pode ser mensurada pelas medidas que ela própria pode dar. A grandeza da existência filosófica estava em um encontro irrevogável [...] com uma humanidade que não permite nenhuma atenuação e nivelamento por meio de um humanismo raso que retorna aos antigos. [...] Max Scheler está morto. Curvemo-nos diante de seu destino. Mais uma vez, um caminho da filosofia retorna à obscuridade[31].

Um filósofo e seu *caos*[32], um liberto das tendências de um mundo sedimentado e absorven-

---

31. Ibid., p. 64.

32. Caos deve ser compreendido tal como propõe Emmanuel Carneiro Leão: "[...] o que nos envia para a experiência de manter-se continuamente abrindo-se, de estar, portanto, sempre em aberto". LEÃO, E.C. O sentido grego do caos. In: *Filosofia grega* – Uma introdução. Teresópolis: Daimon, 2010, p. 38.

te; um comportamento em reiterada discriminação, um pensamento constantemente empenhado em fazer-se *aberto* ao essencial. Essa descrição coincide com a própria compreensão que Scheler fazia de filósofo: indivíduo cujo pensar se origina no núcleo de sua pessoa e se volta à essência das coisas, que se abre a participar da essência do que se manifesta no real.

Para o novo Fausto que foi Scheler, o sentido de sua filosofia é o que se expressa nas palavras de Goethe: "Que eu conheça o que na realidade / se mostra em sua essência, / que eu veja as sementes e suas vivas bases, / e não capitule mais em meio às frases"[33].

---

33. GOETHE, J.W. *Goethe's Faust*. Op. cit., p. 94.

Segunda lição

Fenomenologia: heranças e heresias

Se, na lição anterior, aludimos aos débitos que o pensamento de Max Scheler possuiria com o de Rudolf Eucken[34], além de indicar o quanto a fenomenologia husserliana significou para esse uma possibilidade estimulante[35], na presente pretendemos melhor explicitar os laços que nosso filósofo possui com esse modo de pensar e com aquilo que se usa chamar de sua "escola".

Também já noticiamos que Scheler conheceu a fenomenologia a partir de um contato com o próprio Husserl. Entretanto, sendo este o iniciador da fenomenologia, ele ainda "[...] não é toda a fenomenologia, se bem que seja, de certa maneira, seu

---

34. Insinuação da qual Maurice Dupuy dá mostras de estar mais que convencido. Cf. DUPUY, M. *La philosophie de Max Scheler*: Son évolution et son unité. Vol. 1. Paris: PUF, 1959, p. 9.

35. SCHUTZ, A. Max Scheler. In: MERLEAU-PONTY, M. (org.). *Les philosophes celebres*. Paris: Mazenod, 1956, p. 332.

nó"[36]. Decerto, para a "fenomenologia", conflui um sem-número de pesquisadores que têm nela uma senha de inovação para a filosofia da época (marcada por um neokantismo que já dava mostras de saturação) e proporcionadora de uma orientação original que pretende ambiciosamente: "[...] fundar de maneira nova a autonomia da filosofia, implementando uma filosofia enquanto ciência rigorosa, [e] criar uma metafísica enfim universalmente reconhecida [...]"[37]; e, do nó que é Husserl, afluem ideias que dão vez a esses anseios.

É como uma teoria do conhecimento que começa a fenomenologia (ou, pelo menos, como uma crítica à teoria do conhecimento tradicional). Tal aporte crítico é o que se observa já no início de seu projeto. Assim, as *Investigações lógicas* (obra consabida como marco inaugural da fenomenologia) já se anunciam, desde suas primeiras páginas, como projeto que almeja a "[...] uma nova fundamentação da lógica pura e da teoria do conhecimento"[38]. Mas o que compreenderíamos aqui por "nova fun-

---

36. RICŒUER, P. Husserl (1859-1938). In: BREHIER, E. (org.). *Histoire de la philosophie allemande*. Paris: Vrin, 1954, p. 183.

37. PATOČKA, J. *Qu'est-ce que la phénoménologie?* Grenoble: Jérôme Millon, 1988, p. 264 [Trad. Erika Abrams].

38. HUSSERL, E. *Investigações lógicas* – Prolegômenos à lógica pura. Rio de Janeiro: Forense Universitária, 2014, p. XIV [Trad. Diogo Ferrer].

damentação"? E em que termos uma crítica à teoria do conhecimento estaria aqui em pauta? A resposta para essas duas perguntas depende da caracterização do assim chamado *psicologismo* e da crítica que Husserl impinge a ele.

Compreendemos por *psicologismo* a tendência recorrente que toma o *psíquico* como fundamento último das coisas e do conhecimento dessas mesmas coisas (bem como sua contraparte, o *realismo*, que aposta numa realidade efetivamente dada como instância fundante). Grosso modo, segundo a premissa psicologista, o conhecimento objetivo e, por conseguinte, as ontognoseologias e as epistemologias, dependeria da cognição, de sorte que a sensibilidade, a percepção, o entendimento e o juízo seriam subordinados à psique, consistindo, portanto, em "fenômenos psíquicos". E não apenas isso. Para essa tendência, mesmo a lógica, reconhecida como a ciência das estruturas e das leis ideais, estaria submetida ao psíquico. Ora, propor algo como isso seria pretender que saberes ideais, universais, atemporais, irredutíveis e, por conseguinte, incondicionalmente válidos e com autonomia específica (como, por exemplo, os da matemática) se embasassem ou, pelo menos, se encontrassem condicionados num solo psicológico. Haveria, portanto, a tentativa de fundar as matemáticas e a lógica em uma ciência empírica, experimental e particular, como é a psicologia. Edmund Husserl compreendeu isso, e sua filosofia começa com a denúncia crítica à teoria do conhecimento que partilha dessas premissas. É o que vemos na primeira parte das *Investigações lógicas*, denominada "Prolegômenos à lógica pura". O teor desse exercício de preparo é indicado por Tengely quando este atesta que: "Toda argumentação de Husserl contra o psicologismo se funda sobre a análise do sentido dos conceitos e princípios lógicos"[39].

Ocorre, porém, que a fenomenologia de Husserl, além de opor-se à conduta psicologista da teoria do conhecimento, também pretende identificar as condições a serem atendidas para que o conhecer seja, enfim, possível. Poderíamos imaginar que tal requisição estivesse relacionada às condições de possibilidade empíricas do conhecimento. Nosso filósofo, todavia, tem em vista as *condições ideais do conhecer*.

Para Husserl, a elaboração de uma ciência segura dependeria do embasamento em um solo confiável como o da lógica (oferecida como uma teoria dos princípios gerais de todo conhecimento científico) e cujo conhecimento obedecesse às suas

---

39. TENGELY, L. Introdución à la phénoménologie: Le sens de l'experience et son expression langagière. In: *Phénice* – La Revue du Centre d'Études Phénoménologiques de Nice, n. 1-3, jan./2006, p. 1-142.

leis, requisitos objetivos e ideais; daí a superação do psicologismo prescreve o voltar-se aos *objetos ideais*. Assim sendo, o problema do conhecimento e a aspiração por uma ciência certa e indubitável (= apodítica) se fundamentariam num terreno objetivo, no qual tal objetividade é regida pela lógica. Ora, mas com isso a saída do psicologismo não constituiria uma mera inversão de premissa? Afinal, voltar-se ao objetivo, nesse caso, não seria incorrer, contrariamente, num realismo tão contestável quanto a posição psicologista? A resposta a esse argumento depende de levar a sério o adjetivo "ideal" usado acima. Volver-se aos *objetos ideais* significa dirigir-se ao modo como os conteúdos objetivos do conhecimento fenomenalmente se mostram, e isso não constituiria um movimento pendular a um realismo empírico, pois a consideração fenomenológica de tal objetividade se perfaz diante da objetividade no âmbito da experiência fenomenal em que ela mesma se dá.

Compreende-se, assim, que o que está em jogo no lema fenomenológico "às coisas mesmas" (*zu den Sachen selbst*), não é a desavisada recaída na empiricidade da coisa, mas o movimento que toma os *componentes consistentes da objetividade* no seio das *vivências* constituintes de sua experiência, isto é, em seu *fenômeno*. Assim, o que chamamos aqui de fenômeno possui uma dupla acepção – trata-se do aparecer e do aparecido, do manifestar e do manifesto, do mostrar e do mostrado. Com vistas a isso, nos diz Patočka que a fenomenologia "[...] não tem por objeto a realidade, mas a aparição de tudo o que aparece"[40].

Tal tarefa filosófica, assim, mais do que a investigação sobre as condições objetivas do conhecimento (*scientia*), toma também a consciência (*con-scientia*) em sua pedra de toque. Talvez por isso, num primeiro momento, com o intuito de definir sua fenomenologia, Husserl a tenha designado como "psicologia descritiva das vivências puras"[41], definição logo revista pelo próprio filósofo, mas que não deixou de constituir uma falta de clareza inicial quanto ao modo de ser daquele projeto[42]. Se, no entanto, concordarmos quanto ao fato de a qualificação de "psicologia" ser imprecisa, ao menos a formulação deixa patente o modo como a fenomenologia operaria, a saber, como *descrição de vivências puras*.

---

40. PATOČKA, J. *Qu'est-ce que la phénoménologie?* Op. cit., p. 264.

41. HUSSERL, E. *Investigações lógicas* – Investigações para a fenomenologia e a teoria do conhecimento. Rio de Janeiro: Forense Universitária, 2012, p. 15 [Trad. Pedro M.S. Alves e Carlos Aurélio Morujão].

42. ZAHAVI, D. *Husserl's phenomenology*. Stanford: Stanford University Press, 2003, p. 12.

O fato de Husserl designar equivocamente a fenomenologia como "psicologia" na certa tem a ver com esse mover-se na proximidade da "psicologia dos atos de consciência" de Franz Brentano e de Carl Stumpf[43]; foi também da referida psicologia que o iniciador da fenomenologia se apropriou da *intencionalidade*.

Compreendemos por intencionalidade a estrutura de base da consciência. Esta, ao fim e ao cabo, indicia o que é a própria consciência. O característico em tal estrutura é o fato de ela indicar que a experiência de consciência é a de ser consciente de algo; a consciência, portanto, sempre está dirigida imediatamente a um objeto correlato do qual ela própria é consciente. Logo, no ato consciente de *perceber* há sempre um objeto *percebido* como correlato intencional; no ato particular de *entender* há algo *entendido* que lhe é correlato; em todo *julgar* há um *julgado*, para todo *imaginar* há um *imaginado* etc.[44] Diante disso, poderíamos perguntar: A intenção em jogo nesse nexo entre consciência-objetos correlatos teria a ver com a acepção de propósito voluntário ou de juízo deliberado? A resposta

---

43. Psicólogos cujas ideias tiveram parte em sua formação. Cf. MOHANTY, J.N. The development of Husserl's thought. In: SMITH, B. & SMITH, D.W. (orgs.). *The Cambridge Companion to Husserl*. Cambridge: Cambridge University Press, 1995, p. 47.

44. Cf. HUSSERL, E. *Investigações lógicas*. Op. cit.

deve vir com ênfase: *não, em absoluto*[45]. Intencionalidade consiste em uma "tendência para o interior" (*in-tendere*). Isso nos leva a dizer que a consciência é um *tender*, um *dirigir-se* (*intentio*) para o objeto. Assim, a intencionalidade é sempre a propensão das vivências para a objetividade do fenômeno.

A consciência intencional, ao transcender para os conteúdos objetivos do fenômeno, origina vivências de certa ordem. Elas são, por sua vez, experiências de um objeto segundo a sua significação, seja este concreto ou abstrato, não importando, como diz Husserl, se o objeto seja empiricamente concreto ou não, afinal, não vivencio: "[...] *Júpiter* de uma maneira diferente de *Bismarck*, a *Torre de Babel* de uma maneira diferente da *Catedral de Colônia*, um *polígono regular de mil lados* de um *sólido regular de mil faces*"[46]. Em sentido fenomenológico (e lógico, conforme as investigações husserlianas), *objetos são unidades vivenciadas em sua significação*. Desse modo, à luz da fenomenologia, responder à pergunta sobre o que algo significa depende, primeiro e fundamentalmente, de levar

---

45. O próprio Husserl alerta quanto ao risco da confusão do tender-para que é a intencionalidade, com "[...] um conceito mais estrito e um conceito mais lato de intenção. [...] Precisamente, [estes] correspondem a atos, enquanto 'intenções' (p. ex., intenções judicativas, desejantes)". Ibid., p. 326.

46. Ibid., p. 321.

em conta a vivência (*Erlebnis*) que se tem do que é perguntado; destarte, a experiência vivida de um objeto é justamente o indicativo de como ele aparece diretamente à consciência e como ele já significa para ela. Vivência, assim, pode ser definida como *o modo desde o qual os fenômenos da consciência são imediatamente experimentados* e, como já se viu, não tem caráter empírico de coisas ou das ocorrências pelas quais "teríamos passado" e sobre as quais diríamos: "Vivenciei as guerras de 1866 e 1870"[47]. A rigor, até mesmo essa interpretação, para Husserl, seria "[...] uma complexão de acontecimentos externos, e o vivenciar consiste, aqui, em percepções, ajuizamentos e outros atos, nos quais acontecimentos se tornam uma aparição objetiva e, frequentemente, objetos de certo ato de posição referido ao eu empírico"[48].

É correto afirmar que, com a intencionalidade, a psicologia dos atos de consciência de Brentano redefiniu o conceito de consciência, pois dali avante esta não seria mais um polo endopsíquico, "terra-pátria" de representações. Mesmo assim, contudo, a intencionalidade, tal como apropriada pela fenomenologia, também introduz consideráveis modifica-

---

47. Ibid., p. 299.

48. Dependendo, portanto, da vivência da consciência intencional, tal como vimos tentando caracterizar. Ibid., p. 299-300.

ções tanto na compreensão de consciência quanto na própria maneira de pensar a estrutura da intencionalidade. Ludwig Landgrebe noticia que nosso filósofo, ao lançar mão dessa peça-chave, acreditava tê-la tomado tal como encontrada na lavra do mestre Brentano; entretanto, "só muito mais tarde se esclareceu, mesmo para Husserl, ao voltar o olhar para o curso de seus desenvolvimentos, que, desde o primeiro instante em que adotou o dito conceito, havia-no transformado radicalmente [...]"[49]. Para o iniciador da fenomenologia, a intencionalidade é estrutura doadora de sentido (*Sinn*). Para a fenomenologia, portanto, qualquer vivência intencional já traz indissociavelmente a significação do seu conteúdo objetivo. A vivência aponta a significação unívoca e indecomponível intencionalmente outorgada ao objeto que lhe é referente. Desse modo, com sua compreensão especificamente própria da intencionalidade, Husserl promove a unidade entre vivência-significação-fenômeno. Agora se pode compreender por que a descrição fenomenológica não se reduz a uma psicologia analítico-descritiva, isto porque, na primeira, mais do que elementos psíquicos (= psicológicos), enuncia-se descritivamente o que a "coisa" é/significa, o que

---

49. LANDGREBE, L. *El camino de la fenomenología* – El problema de una experiencia originaria. Buenos Aires: Sudamericana, 1968, p. 16 [Trad. Mario A. Presas].

já aponta para a determinação ontológico-semântica (= essencial) do fenômeno.

Considerando isso, a atividade fenomenológica de descrever vivências, tal como aludida antes, é o discriminar dos modos intencionais da vivência, expondo tanto o caráter autônomo das vivências quanto o de seus conteúdos. Esses conteúdos vivenciais dos atos de consciência se consubstanciam enquanto objetos da consciência. Como dissemos, tais objetos se mostram já desde sua significação unívoca, pois significam o quê é expresso em sua vivência no âmbito da consciência intencional; desse modo, o que quer que se enuncie acerca do fenômeno é expressão de uma unidade coesa de sentido. Em vista disso, o fazer da fenomenologia é o de, *orientando-se exclusivamente pelas vivências, acompanhar o sentido dos atos intencionais, para, então, descrever pura e sem mediações tanto o modo de ser desses atos quanto os conteúdos dos objetos manifestos*. Diz-se "puramente", pois, neste caso, não se permite que tenham vez hábitos naturais, pretensas certezas, entendimentos comuns, pressupostos teóricos, especulações científicas, hipóteses ou qualquer outro dado estranho à ordem do vivencial. Com isso, abstraindo quaisquer componentes empíricos ou reais, a meta da fenomenologia é obter evidência máxima daquilo que se obteve na intuição.

A orientação metódica de transigir tão somente com as intuições (contando sempre com a evidência que a vem corroborar) é o que licita a fenomenologia a pretender um conhecimento autenticamente positivo. Todavia, não se deve esquecer-se do componente atitudinal dessa filosofia que viabiliza o anseio da fenomenologia de chegar à objetividade de seu objeto ou, por outros termos, da essência do fenômeno. Trata-se de certa atenção voltada aos próprios atos da consciência. Com esta, em uma espécie de *inspeção reversa*, tal atenção fenomenológica focaliza a própria consciência intencional, tomando em consideração os atos envolvidos em determinado fenômeno e descrevendo os mesmos atos em seu próprio campo fenomenal. Destarte, o retorno proposto nas palavras de ordem da fenomenologia tem a ver com essa atenção focal à fenomenalidade do fenômeno, no terreno em que essa não apenas é experienciada quanto pode ser fenomenologicamente descrita.

"Abstração ideadora" (ou "ideatória") é o termo com o qual, no âmbito das *Investigações lógicas* (portanto, antes mesmo de expedientes dos quais o filósofo disporia em obras posteriores, como é o caso da "redução fenomenológica"), nomeia-se a tarefa de intuir o que há de essencial nos objetos, tendo diante de si os objetos da consciência, tal como autonomamente estabelecidos nas vivências (em detrimento da multiplicidade de seus sentidos e significações: objetos *matemáticos*, como número ou figura geométrica; *fictícios*, obra de arte em sua multiplicidade expressiva; *ideais*, a essência de determinado ente).

No momento das *Investigações lógicas* (lembrando que o interesse ali é o de criticar e refundamentar a teoria do conhecimento, além de criar uma ciência ideal), a preocupação especial da fenomenologia é conquistar uma intuição das essências (*Wesenschau*) para que, a partir de sua máxima evidência, obtenha-se um conhecimento puro e fundamental. Ao orientar-se pelos conteúdos objetivos e vivências da consciência intencional, a intuição, corroborada pela evidência, passa a ser critério imprescindível ao conhecimento apodítico ambicionado pela fenomenologia para a filosofia e para as ciências.

Esse esboço da fenomenologia, até o presente momento, limita-se às *Investigações lógicas* (1900-1901) de Edmund Husserl, estágio que, embora possa ser considerado um importante tópico do seu pensamento, ao lado da obra *Ideias para uma fenomenologia pura e para uma filosofia fenomenológica* (1910-1913)[50], é apenas parte de sua vasta obra. Somando a essa limitação o caráter muito sumário de nossa exposição, nossa apresentação da

50. Doravante referido com a abreviatura *Ideias*.

fenomenologia de Husserl não pode pretender completude. Temos, presentemente, apenas a introdução de elementos característicos dessa, insumos que nos serão úteis, logo adiante, quando abordarmos o "pensar fenomenológico scheleriano"; tal escorço, no entanto, ainda nos permite retratar, em sentido amplo, algo da formação das escolas da fenomenologia.

No início, mais precisamente nos anos posteriores à publicação das *Investigações lógicas*, surgiram e se consolidaram (nas duas décadas seguintes) as escolas fenomenológicas de Munique e de Göttingen, ambas marcadas pela atividade de recepção e estudo daquela filosofia inovadora[51]. Dessas (que

---

51. A Escola de Munique tem suas matrizes ligadas a Theodor Lipps, filósofo e experimentado psicólogo que criou a *Associação Acadêmica de Psicologia* [*Akademischer Verein für Psychologie*], por volta de 1895, e que lecionara naquela universidade durante o ano de 1894 (chegando a ter sido, inclusive, professor de Scheler). Embora até o próprio Husserl tenha admitido que Lipps, posteriormente, tenha revisto suas posições, nesse período inicial ele incorrera na conduta psicologista ao interpretar a psicologia descritiva como meio de explorar, através da introspecção, a mente e seus supostos conteúdos sensoriais, perceptivos etc. Desde o ano de 1902, nas sessões ordinárias daquela *Associação*, as *Investigações lógicas* eram lidas e discutidas por Alexander Pfänder, Johannes Daubert e Max Ettlinger (o próprio Lipps participava desses encontros de leitura e discussão). Em 1903, Daubert fez uma visita acadêmica a Husserl, que era professor extraordinário na Universidade de Göttingen desde 1901. Desse primeiro contato surgiu um convite para que Husserl viesse a Munique para proferir conferência, o que aconteceu em maio de 1904. Após esse evento, entre os anos de 1906-1907, juntaram-se ao círculo fenomenológico de Munique jovens alunos, entre os quais se desta-

em certo momento se confundem, uma vez que alguns de seus articulistas iniciam na primeira, passando depois para a segunda) derivarão apropriações de Husserl e contribuições originais em muitos sentidos, por exemplo, para a epistemologia, a ontologia e o pensamento social[52].

Nas duas referidas escolas, desde o início, observa-se o gesto antipsicologista principiado por Husserl. Em ambas se identifica o interesse pela intencionalidade e a elas se deve o refinamento da com-

---

cam: Adolf von Reinach, Aloys Fischer, Dietrich von Hildebrand, Maximilian Beck, Moritz Geiger, Paul Ferdinand Linke e Theodor Conrad (embora Max Scheler fosse natural de Munique e tenha frequentado esse círculo durante o ano de 1907, não seria de todo correto vinculá-lo a essa distinta escola). Mesmo pertencendo ao grupo da capital da Baviera, Daubert e Reinach assistiam, desde 1905, às preleções de Husserl em Göttingen. Essa possibilidade atraiu outros adeptos da fenomenologia muniquense que também desejavam tomar lições diretamente com o autor das *Investigações lógicas*. Iniciou-se, assim, um verdadeiro êxodo, a ponto de vermos muitos alunos de Lipps migrarem para aquele outro centro irradiador de fenomenologia. Foi o caso de Moritz Geiger, Alfred Schwenninger, Fritz Weinmann e, logo depois, Theodor Conrad e Dietrich von Hildebrand. A Escola de Göttingen, por sua vez, surgiu em torno do próprio Husserl a partir de 1905, possuindo, além dos egressos do Círculo de Munique (Conrad, Daubert, Gallinger, Geiger, Linke, Pfänder, Reinach e Ritzel), novos e influentes membros: Alexandre Koyré, Alfred von Sybel, Dietrich Mahnke, Edith Stein, Fritz Frankfurter, Hans Lipps, Hedwig Conrad-Martius (esposa de Theodor Conrad), Helmuth Plessner, Jean Hering, Roman Ingarden e Rudolf Clemens.

52. Cf. SPIEGELBERG, H. *The phenomenological movement*. Haia: Martinus Nijhoff, 1982.

preensão da referida estrutura, na medida em que seus estudos apontam ao fato de ela não se resumir a um único ato ou estado intencional. Com essas, também se difunde a ideia de que a compreensão do objeto intencional (e de uma possível teoria dos objetos) implica uma ontologia.

Foi no caldo de cultura fenomenológico propiciado por essas duas escolas fenomenológicas (Munique e Göttingen) que surgiu um veículo destinado à divulgação da produção filosófica dessas escolas, o *Anuário de Filosofia e Pesquisa Fenomenológica*. Este periódico, que permaneceu ativo até o ano de 1930, expressava, com fidelidade, o espírito daquele movimento, tendo como editores: Husserl, Geiger, Pfänder, Reinach e o próprio Scheler. Exemplo disso é que, em seu primeiro número, editado em 1913, veio a lume, a um só tempo, *Ideias*, de Husserl, e *O formalismo da ética e a ética material dos valores*[53], de Scheler.

Não se pode dizer que a acolhida das *Investigações lógicas* de Husserl tenha sido unanimidade. O próprio Husserl acata objeções buscando atentamente saneá-las em uma segunda edição. Diferentemente, contudo, a recepção das *Ideias* foi aquecida

---

53. No intuito de evitar a repetição enfadonha do longo título dessa obra, doravante nos referiremos a ela por Ética, opção inspirada na edição espanhola da obra.

por debates marcados não apenas pela necessidade de prontamente compreender esse novo estádio da filosofia husserliana, quanto pelas primeiras objeções, sobretudo, por parte dos fenomenólogos mais jovens. Isto porque, naquilo que ficou conhecida como sua fenomenologia transcendental, Husserl dirige sua atenção ao polo correlato ao conteúdo objetivo das vivências; tal polaridade, depois do movimento de abstração de todo componente e função sensível, se mostraria como uma egoidade pura e, portanto, irredutível e permanente. A partir de agora, a investigação fenomenológica não deixa de ter olhos ao fenômeno, mas, ao considerá-lo, passa a fazê-lo diante da consciência que insinuaria certo primado sobre o outro polo.

Interessados no projeto de uma fenomenologia das essências, alguns dos novos fenomenólogos viam, na virada ao transcendental operada por Husserl, um retorno ao idealismo ou ainda uma reedição do racionalismo. Para esses, uma fenomenologia que toma em sua pauta a realidade autônoma das vivências independeria de uma recondução à subjetividade (seja ela empírica ou fenomenológico-transcendental). O debate surgido daí ficou conhecido como a "controvérsia idealismo-realismo"[54].

---

54. O certame em torno da fenomenologia transcendental de Husserl só arrefeceu com a conflagração da Primeira Grande

Embora ampla a produção de Husserl, possuindo outros títulos certamente importantes a sua filosofia adiantada, *Ideias* é um ponto divisor para a fenomenologia e para a história de suas repercussões. Com vistas ao impacto da edição da referida obra, Landgrebe avalia: "A partir de então, [...] sempre que se falaria de fenomenologia e de 'fenomenológico', haveria de se distinguir mais exatamente entre a *fenomenologia no sentido de Husserl* e das *direções fenomenológicas em sentido mais amplo*"[55]. Paul Ricœur, que já nos havia indicado a nuclearidade da fenomenologia de Husserl, corrobora a essa apreciação acrescentando que a fenomenologia em geral é também formada pelas "heresias" em relação às matrizes husserlianas[56]. A bem da verdade, na fenomenologia posterior a Husserl, mais se obser-

---

Guerra, evento que não apenas dificultou as atividades daquela escola quanto a desfalcou, uma vez que alguns de seus integrantes tombaram como soldados comuns no *front* (Reinach, Clemens, Frankfurter e Ritzel). É bem verdade que, no pós-guerra, o casal Conrad conduziu com notado êxito um seminário em Bergzabern (pequena cidade renana), ao qual compareceram Hering, Koyré, Lipps, Stein e von Sybel e que, em Munique, Pfänder, Gallinger e von Hildebrand permaneceram em suas atividades de pesquisa e ensino; no entanto Munique-Göttingen deixaram de ser o eixo principal da fenomenologia.

55. LANDGREBE, L. *El caminho de la fenomenologia* – El problema de una experiência originaria. Op. cit., p. 14.

56. RICŒUER, P. Husserl (1859-1938). In: BRÉHIER, E. (org.). *Histoire de la philosophie allemande*. Op. cit. (esp. p. 186).

vam apropriações divergentes do que a obediência ortodoxa ao programa de seu iniciador.

O próprio Husserl, em parte, parecia já sentir que o vento da dissidência sopraria de algum lugar. É isso que nos leva a crer Gadamer (à época um jovem aluno de Husserl) ao relatar que:

> Quando contei mais tarde a Husserl sobre a impressão demoníaca que Scheler tinha causado em mim, ele disse totalmente consternado: "Sim, é bom que não tenhamos apenas ele, mas também Pfänder" (este era o mais sóbrio, seco e não demoníaco fenomenólogo que se poderia imaginar). Naquela época, em 1923, Husserl ainda não tinha a menor ideia de como Heidegger era. Mais tarde ele viu nos dois, em Scheler e em Heidegger, os dois grandes perigos sedutores que afastavam do caminho correto, do caminho da fenomenologia enquanto ciência rigorosa[57].

Husserl também ignorava que, adiante, mesmo Pfänder daria a conhecer sua contrariedade ao seu transcendentalismo, e não demoraria para que Scheler e Heidegger passassem a ser considerados, por Husserl, como, mais propriamente, as personi-

---

57. GADAMER, H.-G. *Hermenêutica em retrospectiva.* Op. cit., p. 400.

ficações de Castor e Pólux[58], quando o assunto é fenomenologia. Isso porque, leitores afetos das *Investigações lógicas*, ambos, ainda que por motivos diferentes, também recusaram a tópica transcendental husserliana, proporcionando novas auroras ao pensamento fenomenologicamente operado.

A maneira como os associados à fenomenologia se movem, a julgar pelos desdobramentos posteriores desse modo de pensar, faz mesmo com que o próprio Scheler relute em falar de "escola da fenomenologia". Isso porque "não há uma 'escola' fenomenológica que teria a oferecer teses comumente aceitas. Há somente um movimento de pesquisas no âmbito de problemas filosóficos, investigações inspiradas por um encaminhamento e atitude (*Einstellung*) que assumem responsabilidade por tudo que dizem ter descoberto separadamente por meio dessa atitude, incluindo qualquer teoria acerca do modo de ser dessa 'atitude'"[59].

Estão bem documentados os laços que ligam Scheler ao movimento fenomenológico e do quan-

---

58. Irmãos gêmeos míticos do imaginário greco-latino, associados à Constelação de Gêmeos (*Gemini*). No mundo pagão, tais entidades eram padroeiras dos navegantes; depois, o cristianismo emergente tratou-os como ícones pagãos e o culto a eles foi proscrito quando o paganismo foi declarado heresia (séc. XIV).

59. SCHELER, M. Phänomenologie und Erkenntnistheorie. In: *Scriften aus dem Nachlass I* – Zur Ethik und Erkenntnislehre. Berna: Francke, 1957, p. 380.

to nosso filósofo se apossou dos seus princípios e posições de modo muito peculiar. Afinal, "todos aqueles que conheceram Scheler, ou leram atentamente seus escritos, sabem com que facilidade ele absorvia os pensamentos alheios; chegavam até ele ideias que, em seguida, reelaborava sem que ele próprio percebesse a influência sofrida, de modo a afirmar de boa-fé tratar-se de um patrimônio inteiramente seu"[60]. Assim, se conceitos na pauta de Scheler, como os de "intencionalidade", da "vivência" e da "intuição" são identificados como pertencentes ao repertório fenomenológico, também é certo o serviço que, por determinado tempo, eles se prestaram ao pensamento scheleriano, cujos interesses axiológicos, éticos e antropológicos são alentados pelo filósofo desde o período de Jena.

É nesses campos, inclusive, que estão as principais contribuições de Scheler à Filosofia. Conhecendo bem os termos da conversão idealista de Husserl, a ponto de sustentar sua oposição a ela, e tendo em proximidade os marcos da fenomenologia das *Investigações lógicas*, nosso filósofo delimita traço até então inexplorado no pensamento husserliano, qual seja, o da *intencionalidade dos sentimentos*.

---

60. STEIN, E. apud ROVIGHI, S.V. *História da filosofia contemporânea* – Do século XIX à neoescolástica. São Paulo: Loyola, 2011 [Trad. A.P. Capovilla].

Com ela, Scheler mostrará que a fenomenologia também torna pensável uma ética, isto porque, à luz da fenomenologia, mesmo os sentimentos são atos de consciência e, por meio disso, distanciamo-nos da compreensão de sentimento enquanto estados psíquicos que expressam a interioridade do sujeito. Observando o modelo intencional da fenomenologia husserliana, também o *sentimento* (*Gefühl*) corresponde intencionalmente a algo *sentido* (*gefühlt*), o que indica um objeto valorativo correlato à consciência. Uma experiência do valor enquanto traço essencial é o que chegamos a ter e, nesse caso, o valor não seria resultado de um juízo de bem ou de mal ou de qualquer mediação representativa do âmbito da razão prática, mas da apreensão imediata de seu conteúdo axiológico num terreno vivencial aberto pela referida intencionalidade sentimental.

Significa dizer que, com a fenomenologia de Scheler, passamos a contar com outra categoria de objetos da consciência, matéria de um tipo de saber não obtido pelo entendimento, mas no campo indomesticado e espontâneo do sentir (*fühlen*). Scheler passará a ter estofo necessário para estabelecer uma crítica às éticas tradicionais, uma vez que, desde tal posição, qualquer princípio, imperativo, critério, máxima ou norma e, ainda, qualquer juízo de valor acerca de coisas ou de circunstâncias, já seria epigonal ao valor, elemento primordial da experiência ética já manifesto no campo da vivência dos sentimentos. Tal achado fenomenológico permite a nosso filósofo elaborar refinadas análises no tocante ao papel dos sentimentos no campo de uma "axiologia fenomenológica" e, ainda, endereçar uma crítica ao que ele avalia como certo formalismo reinante na ética contemporânea, tal como veremos nas lições que se seguem.

Terceira lição

A experiência dos valores materiais

Não é raro encontrar, em campos compreensivos como os que se abrem após a leitura de nossa "Segunda lição", tentativas de distinguir Husserl de Scheler da seguinte maneira: "Husserl era antes de tudo um lógico, uma mente formada na meditação matemática; Scheler preferia tanto mais o homem, e se preocupava principalmente com os problemas do espírito e dos valores"[61]. Embora, sob um primeiro olhar, essa distinção soe simplória, justamente por encurtar uma série de contextos imprescindíveis à plena compreensão da fenomenologia, é possível recobrar, a certa distância dessa diferenciação lata, o componente conceitual no qual essa diferenciação se radica[62]. Para o momento impor-

---

61. ROMERO, F., apud SOUZA, H.L. *A axiologia e o personalismo de Max Scheler*. Maceió: Ramalho, 1953, p. 25.

62. Ela tem seu esteio no paralelismo estabelecido primeiramente entre lógica e ética numa conferência de Brentano, a quem Scheler vez por outra aponta como seu *verdadeiro mestre*. *A origem*

ta ressaltar que, do mesmo modo como Husserl se ocupa fenomenologicamente do objeto do conhecimento, visando nele sua idealidade, Max Scheler se volta aos objetos referidos à ética, interessado em sua determinação axiológico-essencial. É o filósofo de Munique mesmo quem admite que os importantes trabalhos de Husserl ofereceram a consciência metodológica própria da atitude fenomenológica[63] para esse empreendimento. Uma exposição dos termos preliminares deste projeto filosófico é o que teremos na presente lição.

Scheler desenvolve uma teoria do valor. Com a situação fenomenológica diante dos olhos, indica o "valor" (*Wert*) como tomado no espaço fenomenal em que ele pode ser vivenciado. Isso é indício de que nossa experiência de consciência também é intencionalmente aberta a fenômenos cujos conteúdos, diversamente daqueles correlatos aos atos

---

do pensamento moral (1889) é por alguns considerado um escrito emblemático e que oferece os fundamentos para a assim chamada *filosofia dos valores*; ali seu autor diz, de maneira arguta, algo simples depois de formulado pela primeira vez. Cf. SÁNCHEZ-MIGALLÓN, S. La ambivalente posición de Max Scheler ante la ética de Franz Brentano. In: *Tópicos*, n. 39, 2010, p. 45-75.

63. Cf. SCHELER, M. Der Formalismus in der Ethik und die materiale Wertethik – Neuer Versuch der Grundlegung eines ethischen Personalismus. In: FRINGS, M.S. *Gesammelte Werke*. Vol. 2 (Hrsg.) Bonn: Bouvier, 2000, p. 11.

da consciência cognoscente, são experienciados. Assim, o conteúdo específico dos valores, tema primordial para a axiologia, não é um problema para a lógica pura. Na nova classe de vivências intencionais fenomenologicamente descoberta por Scheler, o que se dá são os valores e estes "[...] já o são como fenômenos de valor (*Wertphänomene*) [...], *genuínos objetos* (*echte Gegenstände*) [...]"[64]. Nosso filósofo compreende valores como a determinação essencial do valer ou, em suas próprias palavras, de "qualidades de valor" (*Wertqualitäten*[65]). Daí a importância de indicar que eles, longe de uma abstração formal, possuem cariz objetivo.

Buscando fazer com que seu leitor, mais do que entender, possa se aproximar dessa qualidade axiológica, o fenomenólogo descreve os valores de modo a evidenciar a experiência desses mesmos valores. Mas como Scheler operaria isso? À semelhança de Aristóteles, que parte da *aisthesis* à *sophia*, o alemão começa por considerar o que lhe é mais simples e imediato para só depois alçar ao complexo e ao avançado. Por isso, nosso fenomenólogo segue dos valores sensíveis aos espirituais, como ele próprio descreve aqui:

---

64. Ibid., p. 41.

65. Ibid., p. 35.

> De início, intentamos tratar [a investigação] em termos de valores mais simples, tomados no âmbito do agradável sensível, isto é, desde onde a ligação da qualidade de valor (*Wertqualität*) com seu portador coisal (*Träger dinglichen*) é mais íntima do que se pensa. Cada fruta de bom sabor tem seu *modo* peculiar de bom sabor. Não procede, pois, que o mesmo bom sabor se misture nas múltiplas sensações que oferecem, por exemplo, a cereja, o damasco e o pêssego ao paladar, à vista e ao tato. O bom sabor é, em cada um desses casos, *qualitativamente* diverso dos outros [...]. As qualidades de valor que possuem o "agradável sensível", nesses casos, são, elas mesmas, genuínas *qualidades de valor* (echte *Qualitäten des Wertes* selbst)[66].

Como se vê, partindo dos valores sensíveis, Max Scheler pretende reforçar a ideia consignada anteriormente de que valores são *qualidades*; do mesmo modo, distingue tais qualidades axiológicas daquilo de que elas são qualidades. A palavra "portador"[67], utilizada na citação acima e em outra

---

66. SCHELER, M. *Der Formalismus in der Ethik und die materiale Wertethik*. Op. cit., p. 35.

67. O substantivo alemão *Träger* geralmente é traduzido por "suporte" ou por "depositário", por influência das traduções francesa (*support*) e espanhola (*depositario*), respectivamente. Um olhar mais atento ao termo alemão nos mostra, no entanto, que o verbo

anterior, agora é alçada ao primeiro plano, por nomear o que traria consigo tais qualidades valorosas (= valores). Assim, quando o filósofo usa o exemplo das frutas, pretende mostrar que, seja qual for seu portador (indiferente se a cereja, o damasco ou o pêssego), o valor de "agradável", de "bom de sabor", se manifesta objetivamente como qualidade.

Como ainda se vê na citação, começar pelos valores sensíveis oferece certa dificuldade ao filósofo em bem discriminar os valores de seus portadores coisais, uma vez que, no âmbito do sensível, tal vínculo é discreto. Nosso fenomenólogo, entretanto, investe na obtenção de clareza quanto a tal diferenciação desde o início, estimando que a conquista da pretendida nitidez com respeito à independência dos valores nesse momento viria a beneficiá-lo quando outros valores menos íntimos a seus portadores forem examinados. Desse modo, Scheler insistirá em exemplos que ajudam a ressal-

---

tragen designa o ato de trazer e que o substantivo *Träger* refere-se a um "trazedor" ou a "aquele que traz junto a si", "que porta". Considerando que a valência dos valores é trazida a lume na transcendência intencional própria à dinâmica do fenômeno, e que é no fenômeno que o valor vem a nós como qualidade valorosa, optamos por traduzir aquele termo alemão por "portador", justamente por ele sugerir que a coisa, mais do que apenas ser sustentáculo ou depositário, traria ou portaria o valor como seu. Somos acompanhados nessa opção de tradução por M. García-Baró, que recorre ao mesmo termo em sua tradução do livro de Roman Ingarden em nossa bibliografia.

tar a independência dos valores sensíveis frente a seus portadores, como ainda se vê aqui:

> Posso referir-me a um vermelho como um mero *Quale* extensivo, por exemplo, como pura cor espectral que os dados me trazem, sem que esta necessariamente cubra uma superfície corpórea, como uma face ou um espaço. Assim também *valores* (como agradável, encantador, adorável, mas também amigável, singular, nobre) são acessíveis, a princípio, sem que eu os represente como propriedades de coisas ou de homens[68].

Como no exemplo da cor vermelha, o modo de ser axiológico de algo, para Scheler, independe de sua constituição coisal, isto é, não depende de seu portador. Do mesmo modo, valores também não nos remetem a qualquer projeção, representação, dedução, orçamento psicológico ou construção social que dele façamos. Ilustra-se essa dupla independência com duas passagens do texto de nosso filósofo, extratos apenas possíveis de serem formulados na medida em que sua investigação intensifica o esforço por dirigir-se cada vez mais ao fulcro do fenômeno visado. Primeiramente:

> [...] o valor de uma coisa já se dá como clara e evidentemente para nós, *sem* que

---

68. Ibid., p. 35.

> nos estejam dados ainda os *portadores* deste valor. Assim, por exemplo, um homem é desagradável e nojento, ou afável e simpático, sem que sejamos capazes de explicar *por que* isto acontece; assim tomamos um poema ou uma obra de arte por muito tempo como "bela", como "odiável", como "singular" ou "vulgar", sem que nem de longe conheçamos as propriedades de conteúdo (*Eigenschaften des betreffenden*) da imagem em questão; da mesma forma, a permanência em um lugar resulta "acolhedora" ou "incômoda", sem que os *portadores* desses valores nos sejam conhecidos[69].

Depois, o filósofo ainda acrescenta:

> Nem a experiência de valores (*Erfahrung des Wertes*), nem o grau de adequação e evidência (a adequação em sentido pleno mais evidencia o "dar-se por si mesmo" do valor) se mostra dependente da experiência dos portadores daqueles valores. [...] Nesses casos se revela, com toda sua clareza, como os valores, *em seu ser, independem* de seu portador[70].

---

69. SCHELER, M. *Der Formalismus in der Ethik und die materiale Wertethik*. Op. cit., p. 40.

70. Ibid.

Afirmar que os valores são independentes das coisas que os portam possui uma implicação imediata – significa evidenciar o caráter *apriorístico* dos valores. Isso significa que, por mais que os valores sejam experimentados na manifestação de um objeto de valor que traz sua determinação valorosa, tal qualidade axiológica não se confunde, tampouco depende de condicionamentos dados por esse que a porta. Significa dizer que a fenomenologia dos valores de Scheler (em afinidade à primeira filosofia de Husserl) também opera de modo a intuir, acompanhando a dinâmica intencional própria ao fenômeno, desde a vivência de seu conteúdo objetivo, sua idealidade sendo capaz de evidenciá-la. Destarte, diferentemente do que algumas interpretações da obra de Scheler sugerem, falar do caráter apriorístico dos valores como independente dos portadores não deve dar vez à pressuposição de que valores pudessem ser tratados sem que se levasse em conta uma experiência de consciência desses mesmos valores. O motivo de tal afirmativa é claro, pois, se as coisas se dessem de modo contrário, isso nos distanciaria daquele preceito fenomenológico de base segundo o qual a idealidade (= essência) de algo é o que se permite evidenciar a partir do fenômeno, sendo, portanto, *o fenômeno o que dá a medida da investigação fenomenológica*. Assim, portanto, considerando que Scheler é um fenomenólogo ou, pelo menos, que no período em que escreve a sua Ética está comprometido com esse método, atitude e modo de filosofar, seria inaceitável sustentar que valores constituíssem essências por detrás do manifesto. Decorre que, se seguirmos estritamente o que ensina a fenomenologia, mais plausível seria acolher que, do mesmo modo como os atos de consciência já carreiam sentido, o conteúdo objetivo de um fenômeno já é vivenciado como preenchido por sua significação na intencionalidade própria aos valores. Já os vivenciamos *como* valorosos, no sentido de que sua essência valorosa transparece na experiência que fazemos dos objetos fenomenais, sem que, todavia, confunda-se com eles, sem que a eles se reduza. Assim, da mesma maneira que um objeto fenomenal é o que significa, o valor, enquanto objeto fenomenal axiológico, é o que vale[71]. Isso nos leva a afirmar que, quando Scheler procura evidenciar o caráter *a priori* dos valores, ele visa mais o modo como tal fenômeno é *pura, imediata e indelevelmente* vivenciado como valência do que um elemento pertencente a um presumido mundo de ideias[72].

---

71. A equivalência entre "ser" e "valer", aqui, dá-se da mesma maneira na filosofia de Hermann Lotze, para a qual do valor só se pode dizer que ele vale.

72. Cf. DERISI, O.N. *Max Scheler* – Ética material de los valores. Madri: Emesa, 1979.

Em razão dessa valência, enquanto determinação axiológico-essencial das coisas, valores são identificados em sua vigência objetiva e, portanto, com validade análoga a dos objetos da lógica ou da matemática que Husserl tinha em vista em suas investigações; desse modo, reaproveitando o exemplo de Scheler, as coisas ou atitudes se apresentam imediatamente como *agradáveis* ou *desagradáveis*, sem que tenhamos vez de interferir no modo como seu valor, essencialmente, já se dá a nós (isso nos leva a depreender que qualquer juízo, atribuição, interpretação ou revisão de valor já é operado no "mundo das coisas", a que o filósofo chamou de *mundo de bens*).

A distinção entre *bens* e *valores*, crucial nos capítulos mais adiantados de sua Ética, é introduzida aqui por meio de uma das passagens mais claras daquela obra de Scheler:

> O *bem* está para a qualidade de *valor*, assim como a coisa (*Ding*) está para as qualidades sentidas em suas "propriedades". Com isto fica dito que devemos diferenciar entre os bens, isto é, as "*coisas de valor*" (*Wertdingen*) e os meros valores (*blossen Werten*) que as coisas "tem", que as coisas "possuem", isto é, os "*valores da coisa*" (*Dingwerten*). Os bens não estão fundados nas coisas, de modo que algo deveria ser primeiramente coisa para poder ser "bem". Mais que isso, o bem

põe uma unidade "coisal" de qualidades de valor ou de comportamentos valorosos (*Wertqualitäten resp. Wertverhalten*), que está fundada em determinado valor fundamental (*Grundwert*)[73].

Após esta exposição, mesmo o leitor inteirado apenas dos rudimentos do pensamento fenomenológico será capaz de identificar o quanto Scheler, com o ímpeto próprio à fenomenologia de "ir às coisas mesmas", amolda a *intuição categorial* husserliana aos propósitos de sua filosofia dos valores. Aqui, bem como lá, teríamos a possibilidade de uma intuição da essência (*Wesenschau*) dos fenômenos; no entanto, aqui temos fenômenos de valor e qualquer intuição possível aqui seria *Wertschau* (uma intuição do valor)[74]; Scheler se referirá a essa *Wertschau* na maior parte das vezes por meio da palavra "experiência" (*Erfahrung*), não recorrendo ao termo "intuição", talvez para evitar a sombra do intelectualismo e as acusações a este respeito que, mais tarde, seriam endereçadas a Husserl.

Max Scheler sustenta que qualquer pessoa é capaz de uma experiência dos valores, salientando que (além de não depender da coisa que a traz) a

---

73. Ibid., p. 42-43.

74. Cf. RINTELEN, F.-J. *The philosophy of Max Scheler*. [s/l.]: [s/ed.], [s/d.], p. 33-45.

materialidade dos valores é independente de qualquer mediação intelectiva ou elaboração racional. Dessa sorte, a tomada da essência axiológica de algo agradável, útil ou bom não se dá cognitivamente (isso porque *não conhecemos* o que é um valor), senão que se dá sentimental ou emocionalmente (pois o valor é *sentido* enquanto o que vale).

Em um último acréscimo, ressaltemos que, ao falarmos especificamente de materialidade do valor, é a seu próprio "conteúdo" essencial que nos referimos[75]. Assim, em uma ética material dos valores – projeto eminentemente fenomenológico –, "o material é a estrutura eidética que condiciona a percepção cotidiana e a observação científica"[76]. É o elemento material *a priori*, portanto, que fornece a Scheler evidência para indicar, na base de uma axiologia fenomenológica, os valores como determinações primordiais do ente; esse elemento material também é o que permite a Scheler se colocar na posição da qual parte sua crítica autoral a certo formalismo na ética, tarefa que o filósofo pondera ser urgente à filosofia de seu tempo.

---

75. Cf. FRINGS, M.S. *The mind of Max Scheler.* Milwaukee, Wisconsin: Marquette University Press, 2001.

76. KELLY, E. *Material ethics of value* – Max Scheler and Nicolai Hartmann. Nova York: Springer, 2011, p. 19.

Quarta lição

Formalismo ético e ontologismo axiológico

Por estar aberta à experiência material dos valores, a filosofia fenomenológica de Max Scheler pode examinar o conhecimento e a conduta moral de sua época diagnosticando que não souberam estimar o caráter essencial do valor, já sempre o interpretando como derivação. Especialmente na ética moderna, cujos influxos são sentidos na atualidade, a lei moral se mostra como tendo primado sobre a experiência do valor – interpretação que, como veremos, para nosso filósofo, apenas seria possível a uma ética desprovida da materialidade axiológica. Tal ética, antes mesmo de ser apontada em sua pretensa normatividade, deve ser designada como *formalista*.

Sendo ainda kantiana a matriz observada na reflexão ética contemporânea (sobretudo na Alemanha de Scheler, cuja filosofia acadêmica trazia profunda marca do neokantismo), não haveria lugar mais adequado para abordar tal formalismo senão na filosofia prática do próprio Immanuel Kant.

O *formalismo na ética e a ética material dos valores* começa, assim, com uma revisão da filosofia prática crítica e, contrariamente à expectativa que o título dessa obra de 1913 pode criar, o que Max Scheler oferece ali não é propriamente uma ética fenomenológica dos valores, pois seu principal propósito é o de "[...] uma rigorosa fundamentação científico-positiva da ética filosófica, concernente a todas as questões essenciais e problemas fundamentais a esta advindos [...]"[77].

Justamente por isso, a Ética de Scheler não deve ser tratada como uma objeção pura e simples a Kant (não devendo ser tratada como um filosofema antes que confiramos as posições schelerianas, como uma obra que faria acusações imerecidas resultantes de incompreensões e que, por isso mesmo, admiraria o fato de receber tanta acolhida)[78]. Na Ética, a crítica à ética kantiana tem papel apenas secundário, restringindo-se mesmo à parte inicial do trabalho e, não bastasse especialistas ligados mais de perto a Scheler lembrarem isso sempre que oportunamente[79], atentemos que o próprio autor já

---

77. SCHELER, M. *Der Formalismus in der Ethik und die materiale Wertethik*. Op. cit., p. 9.

78. HÖFFE, O. *Immanuel Kant*. São Paulo: Martins Fontes, 2005, p. 186 [Trad. Valério Rohden e Christian Viktor Hamm].

79. Cf. HENCKMANN, W. Max Scheler – Fenomenologia dos valores. In: FLEISCHER, Margot. *Filósofos do século XX* – Uma introdução. São Leopoldo: Unisinos, 1995, p. 125-153.

nos diz, em um de seus prefácios, e isso não sem deixar patenteado o alto conceito que tinha do filósofo de Königsberg:

> A todo o momento o autor desejou submeter à crítica o que considerava falso nas posições de Kant mediante o descobrimento *positivo* do verdadeiro estado de coisas (*Sachverhalts*) de cada ponto. O autor não deseja atingir este verdadeiro estado de coisas por meio e em consequência de uma crítica à doutrina kantiana. Mesmo nessas seções críticas, o autor, em todo caso, parte do pressuposto de que a Ética de Kant – e a de nenhum outro filósofo mais recente – é até hoje a *mais perfeita* (*Vollkommenste*) apresentada, não na forma de visão de mundo (*Weltanschauung*) e de consciência de fé (*Glaubensbewusstsein*), mas antes na forma de uma distinção (*Einsicht*) cientificamente rigorosa para a ética filosófica. Além disso, a Ética de Kant vem sendo, aqui e ali, criticada, corrigida e completada acertadamente pelos filósofos que o sucedem, mas sem que seus fundamentos mais profundos sejam abalados, assim pressupõe o autor. Nesses pressupostos vai inclusa a consideração incondicional pela realização de Kant, sendo autoevidente para o autor, mesmo ali onde as palavras de crítica não estão livres de farpas[80].

---

80. SCHELER, M. *Der Formalismus in der Ethik und die materiale Wertethik*. Op. cit., p. 9.

Com toda reverência que Scheler faz a Kant, a ética kantiana necessitaria passar por uma fundamentação, pois ainda arrolaria pressupostos que comprometeriam suas conclusões. A respeito da doutrina ética kantiana, Scheler dizia estar solidamente "[...] convencido de que este colosso de aço e bronze obstrui o caminho da filosofia à concreção de uma *doutrina dos valores morais* (*Lehre von den sittlichen Werten*)"[81]. Cabe então interrogar: Que suposições seriam essas a falsear a ética de Kant?

É no capítulo "A relação dos valores de 'bem' e 'mal' com os demais valores e com os bens" que Max Scheler começa propriamente sua análise da filosofia prática kantiana. No interior dele, Scheler identifica que a filosofia de Kant compartilha, com acerto, a distinção entre ética material e formal. O autor da *Crítica da razão prática* também sustenta o axioma que diz que qualquer elemento prático material seria da ordem do sensível, portanto, inadequado à requisição de necessidade absoluta própria à lei moral. Entendendo vedada a possibilidade de uma ética fundar-se na materialidade, Kant adota princípios exclusivamente formais para sua filosofia prática. Resulta disso uma moral baseada em princípios, em máximas e em mandamentos dos quais se deduziria a formulação de lei necessária,

---

81. Ibid., p. 30.

universal e objetiva[82]. Analogamente à *Crítica da razão pura* (teórica), lembremos que é também a lógica transcendental que atua na *Segunda crítica* (prática), o que indicia que o "dever-ser" prescrito na lei moral já possui caráter *a priori*.

Ao se ocupar, assim, do "bom" e do "mau" (fundamentais à ética moderna), Kant entenderá, coerentemente às posições firmadas supra, que tais conceitos apenas se definiriam enquanto valores em conformidade com aquela lei. Desse modo, admite que o sentido e o valor do "bom" e do "mau" apenas se realiza em conformidade a um fim, e sempre em face de um "dever". Isso dá a saber da vocação *legalista* da filosofia prática de Kant, que tem nessa formalidade a fonte da obrigação moral e princípios estatuídos conforme o imperativo categórico de onde derivam valores como o de "bom" e o de "mau"[83]. Para Scheler, tais valores, em vista do fim que é princípio fundamental da moralidade, ainda corresponderiam, respectivamente, às formas de "legalidade" e de "ilegalidade", o que significa dizer que o valor de "bom" seria afim ao que é *legal* e o de "mau", por sua vez, ao *ilegal*.

---

82. Cf. PAULSEN, F. *Immanuel Kant* – His life and doctrine. Nova York: Frederich Ungar, 1972 [Trad. J.E. Creighton e A. Lefreve].

83. Cf. PATON, H.J. *The categorical imperative* – A study in Kant's moral philosophy. Chicago, Illinois: The University Chicago Press, 1948.

Ao examinar a ética kantiana no tocante às noções de valor, de bens e de fins, Scheler identifica premissas que lhe impedem de subscrever as posições do autor da *Crítica da razão prática*. Segundo ele, "[...] a *primeira* falta de Kant é negar que 'bem' e 'mal' sejam valores materiais"[84] e, por não admitir a materialidade dos valores, avalia que Kant submete erroneamente valores aos bens, o que faz que, para esse pensamento, os valores sejam interpretados como derivados dos outros[85], constituindo, assim, um *primado de bens sobre valores*. Mais do que tal primazia, ao sustentar que bens e valores morais apenas se definam referenciados a um fim, Kant incide num formalismo. Ora, mas em que consistiria esse formalismo? Resposta: "O formalismo ético kantiano se consubstancia no fato de que seja a mera *forma* da nossa lei moral – e não qualquer matéria – o que nos determina moralmente, conforme estatui a célebre fórmula do imperativo categórico [...]"[86]. Scheler interpreta, contudo, que a propositura de uma ética formal pura seria a proposta de uma doutrina vazia de conteúdo

---

84. SCHELER, M. *Der Formalismus in der Ethik und die materiale Wertethik*. Op. cit., p. 72.

85. Ibid., p. 32.

86. LEITE, F.T. A filosofia do direito e o formalismo na ética. In: DIAS, J. et al. (orgs.). *Ressonâncias filosóficas*. Vol. III. Toledo: Vivens, 2018, p. 41.

axiológico. Para o fenomenólogo de Munique, essa posição kantiana derivaria de um "equívoco fundamental"[87], sendo pois merecedora de enérgica rejeição. Isso porque

> É falha a tentativa feita por Kant de *reduzir* as significações das palavras-valor (*Wertworte*) "*bom*" e "*mau*" ao conteúdo de um *dever* [...] como também o dizer que não existia "bom" nem "mau" sem que houvesse este dever; tampouco se pode aceitar que estes valores se reduzam à mera "legalidade" ("*Gesetzmässigkeit*") de um ato da vontade, à realização em conformidade com uma lei [...][88].

Para efetuar críticas como essas, Scheler conta, entretanto, com um elemento que não pertence à economia do pensamento de Kant. Trata-se da denominada *experiência dos valores materiais* (apresentada por nós na lição anterior) – valores que são descritos por Scheler como os que trazem a marca da materialidade. Em vista disso, também "[...] se depreende claramente que é possível encontrar um domínio *material* dos valores, e uma ordem nele, *completamente* independente do mundo dos bens e de suas formas cambiantes, e igualmente *a*

---

87. Cf. SCHELER, M. *Der Formalismus in der Ethik und die materiale Wertethik.* Op. cit.

88. Ibid., p. 46.

priori frente a este"[89]. Essa experiência axiológico-material, inibida para Kant, é o que facultaria o que Scheler vislumbra como ética material dos valores. Fundamentalmente diversa de uma ética de bens e de fins, esta não concebe valores como resultantes de uma referência a um fim; para a fenomenologia axiológica scheleriana, são os valores materiais como os de "bom" e de "mau" que possuem verdadeiramente objetividade, autonomia e *status* apriorístico.

Reservando para adiante a tematização do caráter *a priori* dos valores materiais[90], seria agora o momento de questionar: O que afinal teria vedado Kant da experiência de valores materiais *a priori*, a ponto de fazer com que adotasse a posição que valeria a acusação de formalismo? Autorizado por sua investigação, Scheler torna possível responder a esse questionamento com duas teses: a *primeira* advoga que Kant procede assim por ter um pensamento profundamente matizado por uma visão de mundo burguesa; a *segunda* defende que as coisas se dão desse modo pelo fato de o filósofo moderno não ter conhecido a fenomenologia, esta que, para Scheler, seria o único expediente que evidenciaria a materialidade apriorística dos valores.

---

89. Ibid., p. 45.

90. Cf. a "Quinta lição".

Antes de julgarmos frívola a *primeira tese*, saibamos que ela é bem circunstanciada e consolidada em obras posteriores, especialmente em *Da reviravolta dos valores* (escrita entre os anos 1912-1914, mas publicada em 1915). Abordado por interesse moral (menos que sociológico), Scheler não tem no burguês uma classe socioeconômica, pois, para ele, o burguês corresponde essencialmente a um tipo humano peculiar ou, mesmo, um *ethos*. Para o filósofo, trata-se de um tipo promovido por certa debilidade em vivenciar valores e orientar a própria vida segundo eles.

Na descrição de Scheler se identifica claramente a apropriação do repertório da filosofia de Nietzsche. Leitor da *Genealogia da moral* (1887), Scheler retirará a acusação nietzschiana feita ao judeu de que este seria "o grande odiador"[91], transferindo para o burguês o peso de ser este propriamente o inconformado e, por isso mesmo, o fomentado pelo *ressentimento*[92]. Compreendendo essa reatividade à vida e ao mundo como "[...] uma das fontes da *reviravolta* da ordenação eterna na consciência

---

91. NIETZSCHE, F.W. Zur Genealogie der Moral. In: COLI, G. & MONTINARI, M. (eds.). *Nietzsche Werke*. Vol. VI: Kritische Gesamtausgabe. Berlim/Nova York: De Gruyter, 1968, p. 25.

92. Uma tematização desse conceito é programada para nossa "Sétima lição".

humana"[93], Scheler tem no burguês o epicentro da crise moral da época atual. Esse entendimento se deve justamente ao fato de o burguês sobrepor, aos valores, objetivos, outros afetos às virtudes do mundo capitalista, como a *prudência* e a *cordialidade interesseira* no trato, o *ascetismo* na fruição dos bens e a *obediência* à positividade legal própria à lógica de contratos e de mercado, estes relacionados quase patologicamente à vontade de controlar a natureza e de assegurar-se dos riscos que a vida poderia oferecer-lhe nas mais diversas circunstâncias.

Cabe aqui informar que Nietzsche não é o único presente na interpretação scheleriana da lógica burguesa. Também Werner Sombart (um sociólogo e economista alemão contemporâneo a Scheler) fornece intuições válidas nesse sentido. Entre os títulos assinados por Sombart têm relevo: *A essência da indústria* (1904) e *Os judeus e a vida econômica* (1911); todavia, é a obra *O burguês* (1913) que parece ter prestado maior serviço a Scheler. Editada no mesmo ano da Ética e rapidamente assimilada nos anos subsequentes a esta, tal obra vem à guisa de contribuição à história moral e intelectual do homem econômico. Com esta, anuncia Sombart que "[...] pretende expor o espírito de nosso tempo em

---

93. SCHELER, M. *Da reviravolta dos valores*. Petrópolis: Vozes, 2012, p. 79 [Trad. Marco Antônio Casanova].

seu vir-a-ser e como ele hoje se afigura, procurando acenar à gênese do representante desse espírito: o burguês"[94]. A análise crítica elaborada pelo sociólogo evidenciará os fatores espirituais na vida econômica (esta também como objeto da axiologia), a mentalidade do capitalista desde sua origem, a paixão pelo dinheiro e o afã por lucro, o cálculo dos valores, o comportamento corporativo, as virtudes e as demais forças morais em ação no florescimento do capitalismo (filosofia e influências religiosas) e até mesmo um ensaio por tratar o que chamou de "natureza burguesa" (*Bourgeoisnaturen*). É em parte apoiado nessas análises que Scheler avalia que o *ethos* burguês (para o qual acima de tudo está o valor da utilidade) passa a se fazer sentir na filosofia ética moderna, a ponto de utilitarismos, pragmatismos, legalismos e, ainda, subjetivismos, racionalismos, idealismos, transcendentalismos e formalismos[95] viessem grassar campo e significação, ainda que permanecessem alheios à experiência dos valores materiais[96].

---

94. SOMBART, W. *Der Bourgeois*. Munique/Leipzig: Duncker & Humboldt, 1920, p. V.

95. Cf. SCHELER, M. *Phänomenologie und Erkenntnistheorie*. Op. cit.

96. Na impossibilidade de acompanharmos mais de perto os contextos da avaliação scheleriana do "*ethos* burguês" aqui, o capítulo II do livro de Maurice Dupuy constitui referência útil ao aprofun-

A *segunda tese* de Scheler encontra elementos para sua expressão na Ética e em textos circunvizinhos[97], estando, portanto, mais diretamente relacionada ao seu projeto de axiologia fenomenológica e à sua compreensão de fenomenologia.

Consoante o predito sobre a apropriação que Scheler faz de Husserl[98], a fenomenologia é um modo de pensar que, partindo da consideração da consciência intencional, tem em conta o campo fenomenal intencionalmente aberto como o que permite um contato imediato com o mundo e com as coisas em seu âmbito. Nessa experiência, os objetos e o respectivo campo são dados e intuídos em suas vivências e na consciência: "[...] nada é 'intencionado' ('*Gemeintem*') que já não seja 'dado' (*'Gegebenem'*), *conhecido* nos é apenas o *conteúdo* da experiência fenomenológica. [Assim,] onde quer que o dado ultrapasse o intencionado, ou o intencionado não seja dado ele 'mesmo', ainda não há qualquer experiência fenomenológica pura"[99].

---

damento no tema. Cf. DUPUY, M. *La philosophie de Max Scheler* – Son évolution et son unité. Op. cit., p. 155-195.

97. É o caso de "Fenomenologia e teoria do conhecimento" (1913-1914), artigo escrito com o propósito de divulgação no qual o filósofo expressa mais claramente sua compreensão de fenomenologia. Cf. "Referências".

98. Cf. "Segunda lição" e "Terceira lição".

99. SCHELER, M. *Der Formalismus in der Ethik und die materiale Wertethik.* Op. cit., p. 70.

Deriva-se daqui que o fenômeno, tal como fenomenologicamente visado, não é tão somente uma aparência de algo real ou um aparecer, não podendo jamais ter sua determinação essencial conquistada por procedimentos empíricos de demonstração ou de dedução (estes ainda na chave de uma lógica de causa e efeito e observados no criticismo kantiano e no neocriticismo). De início, a fenomenologia oferece uma experiência viva do substrato do fenômeno. Em seguida, por meio do procedimento metodológico de *redução fenomenológica*, reconduz a inspeção do ver para a estrutura basal do fenômeno em face da qual este pode ser intuído em seus traços ideais e a evidência quanto a seu modo de ser pode ser auferida. Para Scheler, isso é o que Husserl chamava "'intuição de essências', ou também – como é possível chamá-la – 'intuição fenomenológica' ou 'experiência fenomenológica'"[100].

Ora, mas que elementos estariam na pauta da fenomenologia a ponto de esta voltar o seu interesse aos dados apriorísticos mostrados no fenômeno? Segundo nosso autor, o foco fenomenológico se ateria às qualidades intuídas em atos e todos os *conteúdos objetivos*, também aos atos mesmos e às conexões existentes entre eles e, ainda, às conexões essenciais que existem entre as essências dos atos

100. Ibid., p. 68.

e as essências das coisas (neste último seriam contemplados os valores dados cuja essência apenas é experimentada no sentimental)[101].

Acompanhando os termos dessa exposição sumária, Scheler termina por justificar sua tese indicando ser a fenomenologia "[...] uma atitude de um ver espiritual na qual podemos intuir (*er-schauen*) ou vivenciar (*er-leben*) algo que, de outro modo, permaneceria cerrado, a saber, um reino de fatos de determinada classe"[102].

Ao chegarmos ao fim da lição, ressaltemos que a crítica de Scheler a Kant possui ampla envergadura e considerável complexidade; também que, ao tratar do tema e de seus contextos relacionados no seio da Ética, o filósofo perfaz, de modo obstinado, um percurso de descrição e de análise que se materializa em quase seiscentas páginas de texto cerrado. Desse modo, declare-se que nosso exercício aqui (impedido de acompanhar mais de perto todos esses contextos e em coerência à modesta intenção de oferecer apenas uma introdução ao tema) não traz senão uma abreviatura dos traços mais nucleares daquela exposição. Mesmo, no entanto, com os elementos módicos oferecidos aqui, poderíamos

---

101. Ibid., p. 90.

102. SCHELER, M. *Phänomenologie und Erkenntnistheorie*. Op. cit., p. 380.

ensaiar uma interpretação aos moldes schelerianos da passagem que remata a *Crítica da razão prática*. Nesta, seu autor nos diz, de maneira magistral: "Duas coisas enchem o ânimo de admiração e veneração sempre novas e crescentes, quanto mais frequente e persistentemente refletimos sobre elas: *o céu estrelado sobre mim e a lei moral em mim.* Não preciso buscá-las ou presumi-las como se envoltas em obscuridade, ou em efusão além de meu horizonte; vejo-as"[103].

Kant declara aqui sua certeza quanto à efetividade da *lei moral*. Fossem facultadas a ele as condições à experiência fenomenal de valores materiais irredutíveis, outra ordem apriorística se descobriria, fazendo que então tivesse, também a respeito dos valores em sua ética, a evidência plena que logra do firmamento sobre si.

---

103. KANT, I. Kritik der praktischen Vernunft. In: TEIL, E. *Werke*. Vol. 6: Schriften zur Ethik und Religionsphilosophie. Darmstadt: Wissenschaftliche Buchgesellchaft, 1983, p. 300.

Quinta lição

Redite ad cor

Se, como vimos, a fenomenologia deixa e faz ver um campo fenomenal e, no presente caso, o domínio específico dos *fenômenos de valor*, é preciso advertir que a vivência do fenômeno ainda não é, ela mesma, a evidência indubitável pretendida pela fenomenologia. Ao se afirmar isso, passa a ser mesmo possível entrever aqui a diferença entre a fenomenologia e o fenomenismo. Para este (doutrina que conta com o fenômeno como traço constituinte do objeto do conhecimento empírico condicionado pelo aparato transcendental humano e a contraparte da "coisa-em-si" ou *noumenon*), o conhecimento se limita ao que o fenômeno manifesta (nesse sentido, mesmo Kant seria um fenomenista); para a outra – a fenomenologia –, o fenômeno é ponto de partida da investigação que se volta ao que nele mesmo é essencial. Para este retorno ao terreno das essências, reservou-se o nome: *redução fenomenológica*.

É por isso que "redução", aqui, *não* deve ser compreendida como diminuição ou abatimento de algo. Na "*phenomenologische Reduktion*", de Husserl, tal termo diz mais se interpretado a partir de sua origem latina, à luz da qual se identifica o verbo "*reducere*". Desse modo, reduzir significaria um *novamente conduzir a...* Mas... para onde reconduz a redução fenomenológica? Como já indicamos provisoriamente, quando falamos da *abstração ideadora* na primeira fenomenologia de Husserl[104], a intuição tem seu foco nos objetos ideais e na idealidade dos mesmos objetos. Em seu *A ideia de fenomenologia* (1907), o filósofo aludirá à redução fenomenológica como, especificamente, a operação metódica que, não mais transigindo com pressupostos de realidade e empiricidade (próprios à atitude natural ingênua), exercita deliberada abstenção frente a qualquer pretenso conteúdo que não se faça em vista do fenomenal, reconduzindo-se assim ao terreno-base do fenomenal, para, então, nesses domínios, intuir com evidência a essência dos fenômenos[105]. Por sua vez, essa "[...] essência fenomenológica é dada na experiência e esses modos de doação constituem a experiência do fenômeno como tal"[106].

---

104. Cf. a "Segunda lição".

105. Cf. ZAHAVI, D. *Husserl's Phenomenology*. Stanford, CA: Stanford University Press, 2003.

106. HACKETT, J.E. Scheler, Heidegger, and the Hermeneutics of Value. In: *Journal of Applied Hermeneutics*, n. 15, p. 4, 2013.

Max Scheler guardou atenção quanto a essa operação fenomenológica husserliana, e sobre ela nos diz, de maneira pregnante:

> Ser homem significa: lançar um enérgico "*não*" contra este tipo de efetividade. [...] E Edmund Husserl não tinha em vista nada além disto ao articular o conhecimento da ideia de uma "*redução fenomenológica*", isto é, com um "corte" ou com uma "restrição" dos coeficientes casuais da existência das coisas do mundo, a fim de conquistar sua "*essentia*". Francamente não posso concordar em detalhes com a teoria de Husserl sobre essa redução, mas admito que nela se pensa o ato que propriamente define o espírito humano[107].

Os motivos de Scheler declarar aqui (num escrito de 1928) sua discordância quanto aos termos da redução fenomenológica husserliana estão no fato de aquilo que chamamos, acima, de *reconduzir-se ao terreno-base do fenomenal*, a partir de 1913, significar para Husserl um retorno não à fenomenalidade das coisas "elas mesmas" no ato de consciência que lhe é correlato, mas à consciência fenomenológica transcendental protagonista em seu *Ideias*. Não se pode negar, contudo, que o gesto

---

107. SCHELER, M. Die Stellung des Menschen im Kosmos. In: FRINGS, M.S. (ed.). *Später Schriften* – Gesammelte Werke. Vol. 9. Bonn: Bouvier, 2008, p. 42.

redutivista husserliano é, em parte, apropriado por Scheler, afinal também este reconduz, à sua maneira, o foco de sua investigação a um campo fenomenal intencionalmente aberto no qual essências podem ser vivenciadas e captadas. Certo é que a dimensão *a priori* que Scheler tem em vista aqui não é a de um *ego cogito* fenomenologicamente depurado pelo Husserl transcendentalista (menos ainda o terreno da razão prática para a qual o dever é princípio *a priori* em se tratando de ética). Scheler se volta ao valor material, elemento que considera o *primeiro* da dimensão moral, como visto na lição anterior.

Nesse caso há de se perguntar: Mas o que Scheler compreende estritamente por *a priori*? A pergunta que questiona essa noção, até aqui apenas precompreendida, é o próprio filósofo quem a responde:

> Designamos como "*a priori*" todas aquelas unidades significativas ideais e as sentenças que, prescindindo de todo tipo de posicionamento de sujeitos que as pensam e de sua real configuração natural, e prescindindo de posicionamento de um objeto sobre o que sejam aplicáveis, vêm por si mesmas no conteúdo de uma *intuição imediata*. Assim prescindindo de qualquer tipo de *posicionamento*[108].

108. SCHELER, M. *Der Formalismus in der Ethik und die materiale Wertethik*. Op. cit., p. 103.

De maneira análoga a Husserl, para quem a lógica pura é terreno dos princípios lógicos e das significações ideais, Scheler divisa um terreno axiológico igualmente puro (portanto, do mesmo modo, independente de funções anímicas e psíquicas) no qual a experiência do valor pode ser tomada. Tal descoberta fenomenológica põe à luz um tipo peculiar de essências próprias a um mundo ontológico-axiológico. No referido mundo *a priori* de essências-valores não atua o entendimento, isso porque a experiência axiológica, por mais que seja objetiva, oferece-se num registro intencional diverso daquele do conhecimento, não se sujeitando ao ato intelectivo, à determinação conceitual ou mesmo a uma definição teórica obediente à lógica de gênero próximo e diferença específica. Dito isso, acrescente-se que os conteúdos axiológico-apriorísticos também não se submetem a qualquer tipo de "delimitação", "demonstração" ou "dedução"; sendo assim, apenas a descrição fenomenológica, na medida em que deixa e faz ver o fenômeno, pode "mostrá-los". Scheler reforça isso ao afirmar que valores

> [...] não são meros termos conceituais que encontram sua realização em propriedades comuns às coisas que são portadoras desses valores. Isso já mostra o fato de que, se procurarmos tomar essas "propriedades comuns", no fundo *nada* nos fica nas mãos. Somente quando colocamos as

> coisas sob outro conceito que não seja o conceito de valor (*Wertbegriff*), quando perguntamos pelas propriedades comuns dos vasos ou das flores encantadoras, ou dos cavalos nobres, só então se oferece a possibilidade de assinalar essas propriedades comuns. Valores desse tipo não são, portanto, definíveis, apesar de sua indubitável "objetividade". Já os temos dados nas coisas, para só então designar as referidas coisas como "belas", "encantadoras" e "atraentes"[109].

Ainda segundo o filósofo, insistir na tentativa de fixar características definindo ou conceituando o que seria o valor (e isso sem considerar sua ambiência axiológica própria) nos levaria não apenas a um erro teórico, mas a um equívoco moral com notadas sequelas. Isso indica, portanto, que valores devem ser coerentemente considerados em seu campo fenomenal específico, domínio objetual e de investigação inteiramente autônomo. Scheler chama atenção para o fato de haver "[...] um tipo de experiência cujos objetos são completamente inacessíveis à razão; para esses objetos a razão é tão cega como o ouvido seria para as cores [...]"[110]. Ora, mas como então ter o fenômeno de valor dian-

---

109. Ibid., p. 36.

110. Ibid., p. 261.

te de nós sem que o ver intelectivo da *intuição* tenha vez? Como chegar aos valores se estes são vedados ao ato intencional cognitivo? Se, para Scheler, não é possível conhecer valores, que "apreensão" seria então possível? Atentemos: dizer que não há um *conhecimento* possível dos valores *não* significa dizer que estejamos privados de uma experiência de valores, pois, para nosso filósofo, "os valores nos são dados primeiramente ao *sentir* (*Fühlen*)"[111].

Com essa indicação chegamos a capítulo crucial da obra de Scheler. Uma vez no terreno da *fenomenologia dos valores*, vemo-nos agora às portas de uma *fenomenologia da vida sentimental*. Os esforços para realizar tal projeto passam inicialmente pela apropriação dos expedientes da fenomenologia na

---

111. No contexto imediato desta nota, o sentido do sentir (*Fühlen*) pode ser compreendido em sua correspondência com a palavra "*feeling*" da língua inglesa (esta provavelmente mais familiar ao leitor de língua portuguesa do que a alemã); daí se dizer, em linguagem coloquial, por exemplo: "É preciso ter '*feeling*' para tocar um instrumento musical" ou "Há que se ter '*feeling*' para apreciar uma arte moderna". Ainda quanto a essa terminologia, Scheler usa o verbo alemão *fühlen* e seus termos conjugados *gefühlen*, *gefühlt* etc., para, no âmbito do que chama de "vida emocional", referir-se a uma captação ou tomada dos valores. No presente contexto filosófico, uma vez que não há nenhuma especificidade de grande monta a ser observada, as traduções para as línguas latinas geralmente oscilam entre os vocábulos "emoção" e "sentimento". Assim, portanto, optamos aqui por usar o termo "sentir" e seus derivados para traduzir o significado de *fühlen*, dado que permite, melhor do que o outro, a flexão de seus correlatos ("sentimento", "sentido"...).

viabilização de uma investigação dos valores, mas também pela confrontação produtiva da tradição filosófica, especialmente no turno moderno, em ao menos dois sentidos: 1) na indicação de como os sentimentos foram tratados e, em grande medida, negligenciados como fonte de experiência dos valores; e 2) na revisitação da modernidade para recobrar, em posições filosóficas *sui generis*, como o sentimento permite a tomada, sem mediações, do *a priori* axiológico.

Acerca do *primeiro ponto* – e a julgar pelo refinamento e pela sagacidade das análises de Scheler – o melhor começo para uma exposição seria promover ao leitor um encontro com a própria letra do filósofo:

> A filosofia tende até o presente a um preconceito que tem sua origem histórica na maneira antiga de pensar. Este é uma separação completamente inadequada à estrutura do espírito em "razão" e "sensibilidade". Esta diferença demanda, por assim dizer, a atribuição de tudo que não é razão – ordem, lei etc. – à sensibilidade. Assim, *toda* nossa *vida* "sentimental" [...] passa a ser atribuída à "sensibilidade", também o amor e o ódio. [...] Em razão deste preconceito, fica sem ser colocado em questão se no plano do alógico de nossa vida espiritual pode ter, no conjunto de atos e funções, uma desigualdade de hierarquia com uma

> "originariedade" (*Ursprunglichkeit*) equiparável à dos atos mediante os que apreendemos os objetos ligados pela lógica pura – [...]. É natural que, com isso, também fiquem inquestionadas as ligações e oposições entre objetos e qualidades para os quais esses atos alógicos são dirigidos, e mesmo a correspondente legalidade (*Gesetzmässigkeit*) *a priori* este ato em si. [...] Decorre disso a seguinte consequência ética: que, ao longo de sua história, a ética se constituiu como absoluta e apriorística e, por isto, racional, ou bem como uma ética relativa, empírica[112].

É necessário refletir, e o empenho aqui é o de mostrar que, dada a divisão artificial entre razão e sentimento, toda vez que algo que não pertença à ordem da lógica (esta relacionada à intelecção) se apresenta, este é invariavelmente remetido ao domínio do *sensível*. Historicamente, desde cedo, o sensível esteve associado à obscuridade e à desordem interna; por isso mesmo, no seio da tradição, não recebeu a dignidade de ser pensado como domínio de objetos ideais ou de qualidades de valor autônomas (em verdade, até mesmo a pergunta sobre esta possibilidade teve sua falta sancionada). Para Scheler, não admitir essa possibilidade levou

---

112. Ibid., p. 259-260.

a ética moderna (em vista aqui o paradigma kantiano) a se estatuir como um modelo inteiramente desprovido de conteúdo axiológico e de estruturação formal ordenada pela lei moral.

Ao identificar fenomenologicamente a integridade de nossa vida espiritual – portanto, não cindida como ora se pensou –, Scheler torna possível suspender os influxos dos preconceitos tradicionais sobre o sentimento e indicar que este, embora completamente independente da lógica, é ato puro e tem, como correlato intencional, o conteúdo primigênio dos valores. Essa nossa interpretação encontra endosso em Frings, quando o especialista nos assevera que, para Scheler, "[...] há um *primado* na determinação dos conteúdos dos valores que é básico para os atos da consciência; as experiências sentimentais [...] são impregnadas por uma ordem de conteúdos de valores muito diferentes das leis da lógica pertinentes ao raciocínio e ao pensamento"[113]. Após, ao reconduzir o foco da inspeção fenomenológica ao terreno em meio ao qual uma experiência das qualidades de valor se faz possível, temos o retorno ao campo intencional de base e ao âmbito no qual o fenômeno do valor pode ser, afinal, sentimentalmente tomado.

---

113. FRINGS, M.S. *The mind of Max Scheler*. Op. cit., p. 25.

Redite ad cor é a expressão que aqui apropriamos para nomear a redução fenomenológica a um campo no qual conteúdos axiológicos objetivos se dão ao "coração". Essa sentença latina, cujos contextos originais são os do pensamento de Agostinho de Hipona, não deixa de ser adequada ao que Scheler tem em vista quando fala de uma tomada sentimental dos valores.

Chegamos então ao *segundo ponto* de nossa exposição: ao fazer inspeção sobre o panorama histórico da Filosofia, nosso filósofo reconhece que apenas poucos pensadores (Agostinho e Blaise Pascal) fizeram oposição àqueles preconceitos e, ao fazê-lo, não chegaram a dar uma tematização suficiente ao ponto. Scheler divisa na ideia pascalina de "*ordre du cœur*" (e em suas variantes: "*logique du cœur*" e "*raison du cœur*")[114] um caminho para a reabilitação dos sentimentos como "órgãos" de tomada de valores. Para o fenomenólogo alemão, ao dizer que "*Le cœur a ses rasions*"[115], o filósofo francês "compreende uma legalidade (*Gesetzmässigkeit*) eterna e absoluta do sentir, amar e odiar, tão absoluta como a lógica pura, mas irredutível às leis do intelecto"[116].

---

114. Respectivamente: "*ordem do coração*", "*lógica do coração*" e "*razão do coração*".

115. "*O coração tem suas razões*".

116. SCHELER, M. *Der Formalismus in der Ethik und die materiale Wertethik*. Op. cit., p. 260.

Mais do que fonte de inspiração, a metáfora pascalina do "coração" é verdadeiramente encampada por Scheler e é a partir dessa que dá corpo à sua *fenomenologia da vida sentimental*[117]. Com esta:

> Distinguimos, de início, o "*sentimento* intencional *de algo*" de todos os meros *estados sentimentais*. Esta diferença, em si, contudo, com a significação que tem os sentimentos intencionais para os valores, isto é, até que ponto estes (sentimentos) são órgãos de tomada[118] (de valores). De início: *há um originário* sentimento intencional[119].

Levando assim adiante o *insight* de Pascal segundo o qual há uma genuína ordem do coração para a qual o entendimento não tem olhos de ver, Scheler indica que a tomada sentimental dos valores (o "coração") tem raio de atuação próprio. Isso

---

117. Cf. ROBLEDO, A.G. Le *cœur*. In: *Estudios pascalianos*. México: El Colegio Nacional/Fondo de Cultura Económica, 1992, p. 32-66.

118. Embora o termo alemão *Erfassen* (e outros em campo semântico próximo, como, p. ex., *Auffassen*) seja tradicionalmente vertido por "captar", "apreender" e até por "perceber", evitamos tais usos por compreender que essas expressões ainda são muito associadas a faculdades subjetivas ou a operações psíquicas. Evitam-se, assim, as eventuais incorrências em compreensões residualmente psicologistas do termo. Por isso optamos por traduzi-lo por: "tomar" e "tomada".

119. Ibid., p. 261.

quer dizer que, na "ordem do coração", os conteúdos do valor são tomados de modo tão inquestionável quanto os elementos da lógica ou das matemáticas, sem, entretanto, submeter-se à lógica do conhecimento, do entendimento, da razão.

É dispensável indicar que essas posições não são de todo pacíficas e, mesmo ali no seio do movimento fenomenológico, inclusive entre seus membros mais radicados, floresce a controvérsia. Roman Ingarden, para citar apenas um exemplo, é da opinião de que Scheler teria cometido uma forçosa generalização ao defender que quaisquer valores seriam apenas tomados sentimentalmente e que, portanto, não se deixariam determinar conceitualmente. Para ele, "se fosse realmente este o caso, não seria então tampouco possível distinguir grupos ou, melhor dizendo, gêneros de valores; o que, em princípio, como mero fato, não se pode negar que se faz. Tampouco se poderiam comparar valores a respeito de seu gênero fundamental ou de sua altura"[120]. Uma tal afirmação nos leva a crer que Ingarden não prestou atenção em falas como esta de Scheler:

> [...] qualidades de valor (*Wertqualitäten*), *genuínas* e *verdadeiras,* são-nos dadas num

120. INGARDEN, R. *Lo que no sabemos de los valores*. Madri: Encuentro, 2002, p. 22 [Trad. Miguel García-Baró].

> campo próprio de *objetos* (*Gegenständen*), objetos que têm suas relações e conexões *particulares*, e que podem ser já como *qualidades* de valor (Wert*qualitäten*), por exemplo, superiores e inferiores etc. Mas se este é o caso, também há de haver entre elas uma *ordem* e uma *hierarquia*, cuja existência é independente de um *mundo de bens* (*Gütenwelt*) no qual estes se manifestam[121].

Scheler indicia, aqui, que o caráter *a priori* dos valores não é apenas próprio a eles, mas também observável na ordem na qual eles já se oferecem. Desse modo, valores-fenômenos se permitem ser sentidos em sua organização intrínseca e em uma graduação hierárquica própria. Significa dizer que valores, desde que dados imediatamente no campo intencional de experiências que lhes é pertinente, também permitem que *sintamos* o lugar que já ocupam em certa ordenação. Assim, para Scheler, valores já são sentidos desde o modo como se dispõem em estratos superiores ou inferiores; permitindo, portanto, estimar como se ordenam, que altura ocupam e, ainda, a comparação frente a outros valores de graus diferentes na mesma ordem e hierarquia *a priori*.

---

121. SCHELER, M. *Der Formalismus in der Ethik und die materiale Wertethik*. Op. cit., p. 37-38.

Essa afirmativa suscita uma série de indagações: Mas como uma ordem axiológica seria *a priori*? No caso de acatarmos a ideia de uma ordem *a priori* de valores, como esta teria se ordenado originalmente? Com base em que critérios ou juízos de bem tais valores se disporiam numa escala?

As respostas a essas perguntas podem ser dadas diante da observação atenta do que já foi dito. Daí ressalta-se que o caráter apriorístico dos valores se faz presente quando o compreendemos como esquema prévio para que determinado objeto se dê. Desse modo, não há *quem* estabeleça (criteriosa ou arbitrariamente)[122] tal ordem de valores, pois eles mesmos se encontram ordenados de acordo com o sentido já dado na transcendência intencional própria à sua manifestação objetiva[123]. Do mesmo modo, o critério para tal hierarquia axiológica é intrínseco a cada valor *sem que dependa*, portanto, de um juízo de bom ou de mau que os deliberariam como ocupantes dos graus mais altos ou mais baixos em tal escala (pensar em algo assim já seria tra-

---

122. Grife-se que, para nosso filósofo, o *a priori*, embora se refira a um elemento irredutível em si mesmo, também não deve ser compreendido como algo da ordem de uma subjetividade ou ego (sejam estes empíricos ou fenomenológicos).

123. Isso indicia que, na contenda entre idealismo e realismo, nos primórdios do movimento fenomenológico, Scheler assumiu francamente a posição realista.

tar do estatuto dos valores como algo estabelecido *a posteriori*).

Poderíamos compreender, desse modo, que "todos os valores [...] são *qualidades materiais* (*materiale Qualitäten*)"[124] e que também uma "[...] hierarquia de valores é [por sua vez] uma hierarquia *material*, uma ordem de *qualidades* valiosas"[125]. Desse modo, valores e sua ordem expressam objetivamente uma realidade própria, uma na qual a identidade qualitativa dos valores se determina por sua valência e se ordena conforme a mesma realidade "[...] e, assim, independentes do movimento e das mudanças deste mundo de bens ao longo da história, para qual a experiência dos valores e sua hierarquia são em caráter '*a priori*'"[126].

Embora isso signifique que tal ordem axiológica seja real e autônoma e que valores tenham posição imutável na mesma ordem, Scheler não nutre a pretensão de sustentar que a identidade objetiva dos valores se oferece a nós sempre evidentemente. Isso porque nossa estimativa desses valores pode ser obnubilada por sentimentos, como, por exem-

---

124. Ibid., p. 39.

125. Ibid., p. 45.

126. Ibid., p. 37-38.

plo, o *ressentimento* e a *soberba*, ou restringida por fatores históricos, sociais e culturais[127].

Considerando o que acabou de ser dito, e retomando aqui os elementos históricos da filosofia que Scheler conjuga em sua análise, é possível ponderar que a filosofia da vida sentimental não apenas considera o âmbito intencional, mas que também tem em vista seus condicionamentos fáticos. Para Scheler, como se viu, são esses condicionamentos que introduzem a relatividade na tomada de valor e não seria errôneo asseverar que são mesmo esses, em outra escala, que obscurecem a realidade própria aos valores e que impedem uma tomada sentimental dos valores[128] – fatores obnubilantes que afastam a possibilidade de uma investigação da vida sentimental e uma filosofia (fenomenológica) dos valores.

---

127. Cf. SCHELER, M. Para a reabilitação da virtude. In: *Da reviravolta dos valores*. Op. cit., p. 21-42.

128. Para saber mais, cf. KELLY, E. Material value-ethics – Max Scheler and Nicolai Hartmann. In: *Philosophy compass*, vol. 1, n. 3, 2008, p. 1-16 (esp. p. 10).

Sexta lição

Pessoa

Um conceito nuclear da filosofia de Max Scheler permanece até o momento apenas pressuposto e, dada a sua importância (tanto no conjunto daquela obra, quanto para nossos próximos passos), convém que nos apressemos a introduzi-lo. Trata-se do conceito de "pessoa" (*person*), que perpassa como um fio vermelho parte considerável dos escritos schelerianos. Esse conceito é alhures mais claramente observado (como ocorre em *O formalismo na ética e a ética material dos valores*, de 1913, e em *A posição do homem no cosmos*, de 1928, obras nas quais recebe tematização mais explícita e, no primeiro caso, até ocupando parte substancial do tratado) e, algures, conjugado em questões especiais em trabalhos de diferentes épocas (p. ex.: *Da reviravolta dos valores*, de 1915, *Do eterno no homem*, de 1921, e *Essência e formas da simpatia*, de 1923).

É no âmbito da fenomenologia dos valores que o conceito de pessoa adentra o círculo de interesses de Scheler. Ao operarmos nesses contextos, aludimos, por muitas vezes, à consciência intencional como estrutura de base para a fenomenologia; isso possibilitou uma apresentação dos preceitos da fenomenologia (permitindo inclusive que vislumbrássemos aproximações entre as posições husserlianas e as schelerianas), sem qualquer prejuízo conceitual. Todavia, a partir daqui, introduziremos, com Scheler, o conceito de "pessoa" como uma especificidade própria a essa filosofia ao tratar dessa figura de consciência.

Scheler parece ter clareza, desde o início, quanto ao modo de ser da "pessoa", quanto a suas diferenças específicas frente à ideia de razão em Kant, e quanto ao papel que ela possui em sua ética – é o que se observa desde a *sexta seção* da "Segunda parte" de sua Ética. Ali, nosso filósofo põe em destaque que

> [...] pessoa é tão somente aquela unidade que existe para atos de todas as possíveis *diferenças essenciais* – enquanto esses atos são consumados. Assim: pertence à essência das diversidades de atos existir em uma *pessoa* e *só* em uma pessoa, o decisivo é que os *sujeitos lógicos diversos* das classes de atos essencialmente distintas [...] possam unicamente *ser em uma unidade de forma*[129].

---

129. SCHELER, M. *Der Formalismus in der Ethik und die materiale Wertethik*. Op. cit., p. 382.

Coerentemente ao modo de operar da fenomenologia, Scheler procurou descrever o modo de ser da pessoa a partir de uma experiência possível dela mesma. Enfocando assim sua constituição, ele acompanhou o fluxo dos atos intencionais descrevendo o que tinha diante de si: as experiências concretas da pessoa vividas intencionalmente[130]. Perguntaríamos: Seriam elas atos de consciência? Uma resposta a essa questão depende de um esclarecimento prévio: Scheler não compreende consciência como representação de fenômenos empíricos, pois, para nosso filósofo, o ser da pessoa seria "supraconsciente", se compreendermos por consciência apenas *conteúdos de consciência*. Ao passar a falar em "pessoa" e em "atos de pessoa" (*Personakt*)[131], nosso filósofo tem em vista uma consciência que se volta intencionalmente *para algo*, portanto, o em jogo na pessoa é sempre *consciência de algo*. A partir daí, menciona uma *unidade* de atos intencionais. Isso já insinua que, para o filósofo, a pessoa *não é* um psiquismo ativo ou qualquer outra coisa que pudesse ser colocada atrás ou sob as vi-

---

130. HACKETT, J.E. Reviving Scheler's phenomenological account of the person for the 21st century. In: *Forum Philosophicum*, vol. 1, n. 19, 2014, p. 27-41.

131. Cf. SANDER, A. *Mensch-Subjekt-Person* – Die Dezentrierung des Subjekts in der Philosophie Max Schelers. Bonn: Bouvier, 1996.

vências imediatas. Nesses termos, mesmo as ideias que poderiam pretender primado sobre a pessoa (a de um estado psíquico, a de uma egoidade, a do próprio corpo) seriam objeto fenomenal desde os atos intencionais impostados pela pessoa[132]. A pessoa existe como um ser *realizador de atos*, como uma *executora de vivências*, o que faz com que esse centro de atos (*Aktzentrum*) não possa ser pensado como substância ou como simples "ponto de partida de atos". Com mais habilidade do que nós, diz-nos o próprio Scheler:

> Daí já provém a clareza quanto: a pessoa não pode nunca reduzir-se à incógnita de um mero "ponto de partida" de atos, nem qualquer espécie de "conexão" ou tecido de atos, como costuma expressar certo tipo de concepção chamada "atualista", da pessoa, que pretende compreender seu ser por seu fazer (*ex operari sequitur esse*). A pessoa não é um "ponto de partida" vazio de atos, mas o ser concreto sem o qual, quando se fala de atos, nunca se encontra o modo de ser pleno e adequado de um ato, mas apenas uma essencialidade abstrata; somente por meio de sua pertença à essência desta ou daquela pessoa, os atos

---

132. Cf. LÜTZELER, H. Max Scheler (1874-1928), Ein Genie. In: *Persönlichkeiten*. Friburgo em Brisgóvia: Herderbücherei, 1978, p. 82-128 (cf. esp., neste caso, a p. 87).

se concretizam, passando de essências abstratas a essências concretas[133].

Há algo de paradoxal nesse posicionamento do filósofo, pois, num momento, ele sustenta que nada há por trás dos atos, o que nos leva a crer que a pessoa não possua uma substância; em outro momento, o autor nos diz que o centro de atos se perfaz por meio de seus atos, o que faz com que suponhamos que esse centro seja dinâmico e, portanto, processual. Adiante, ainda, como se vê na citação, afirma que a pessoa não é apenas uma plataforma de onde atos são lançados, tampouco uma tessitura deles. Em verdade, ao proceder desse modo, Scheler tenta evitar um duplo risco – por um lado, incorrer na posição substancialista da metafísica do século XVII; por outro, em certo "atualismo" que (entre o empirismo clássico de David Hume e a psicologia de Wilhelm Wundt) propõe que a pessoa é subsequente a uma atualização (é o que diz, acima, o adágio latino "*ex operari sequitur esse*"). Sem ser substancial ou sem decorrer de seus atos, a pessoa, para nosso filósofo, teria uma consistência, a mesma concretude de seus atos, o que faz com que *em*

133. SCHELER, M. *Der Formalismus in der Ethik und die materiale Wertethik*. Op. cit., p. 383.

cada ato consistisse a própria pessoa[134]. Após isso, atestemos vigorosamente que:

> [...] o conceito da pessoa é dado fenomenologicamente no ato, mas a plenitude esmagadora de sua condição inicial delimita uma completa articulação de sua natureza ontológica. A pessoa é uma unidade de sentido, e essa unidade de sentido deriva de todo ato intencional. A fenomenologia só pode determinar a maneira pela qual essa unidade de sentido é dada na experiência[135].

Essa indicação nos faz patente o quanto a pessoa, em Scheler, está a um mundo de distância da razão kantiana. Afinal, se, para o filósofo bávaro, a pessoa é uma unidade concreta de atos, estes que carreiam a intencionalidade dos valores, para o de Königsberg, a "pessoa-*racional*" (*Vernunft*person) opera logicamente obedecendo a leis ideais. Assim, é também racionalmente que Kant entende valores (como o de "bom" e o de "mau"). Afinal, no arcabouço de sua obra, esses seriam formalisticamente definidos em uma relação de conformidade a fins; ao passo que, para Scheler, valores são qualidades

---

134. Cf. SANDER, A. *Mensch-Subjekt-Person* – Die Dezentrierung des Subjekts in der Philosophie Max Schelers. Op. cit.

135. HACKETT, J.E. *Reviving Scheler's phenomenological account of the person for the 21st century*. Op. cit., p. 37.

essenciais realizadas em atos, podendo ser experienciados nos componentes consistentes e autônomos do fenômeno, e sentimentalmente tomados em sua "materialidade"[136]. Ora, mas por que dizer isso agora? Para enfatizar que, segundo Scheler, valores morais são manifestos *no horizonte da pessoa*, sendo, portanto, valores *personais*. De sorte que o bem e o mal, o bom e o mau, são possibilidades exclusivas da pessoa. Ademais, "[...] o ser da pessoa não pode nunca ficar limitado a ser um sujeito de atos de razão submetidos a certa legalidade"[137]. Exatamente por esse motivo, a pessoa-racional kantiana, fundada num requisito de universalidade, desconsidera o caráter de individualidade da pessoa. Esse gesto de "despersonalização" faz com que, na interpretação de Scheler, o sujeito moderno, em sua soberania, possua algo de "fantasmagórico"[138].

Embora concreta, a pessoa não é coisa, tampouco se deixa condicionar na forma de objeto,

> pois pertence à essência dos atos o ser vivenciado apenas na realização de si dado na reflexão. Assim, um ato nunca pode

---

136. Cf. QUAINI, J.B. *La significación del espíritu en Max Scheler* – Ensayo de exposición y de crítica fundamental. Santa Maria: Pallotti, 1974, p. 82.

137. SCHELER, M. *Der Formalismus in der Ethik und die materiale Wertethik*. Op. cit., p. 383.

138. SANDER, A. *Max Scheler zur Einführung*. Op. cit., p. 89.

> ser convertido em objeto ou confrontado a outro que o tome retrospectivamente. Mesmo na reflexão, que faz o ato compreensível em sua execução, superando sua realização ingênua (*naiven*), um ato nunca é um "objeto" [...][139].

Dito com mais precisão: um "ato pessoal" é fonte da qual fluem outros atos que se realizam em essências igualmente concretas, por isso "um ato nunca é um objeto"[140]. Atos são vivências de fato que trazem as marcas da pessoa a que pertencem[141], o que significa que, em cada ato, há sempre algo da pessoa que, enquanto presença viva, realiza-se nesse campo de intencionalidades. Atos, por exemplo, manifestam primordialmente os valores éticos de uma pessoa, o modo como ela *singularmente* vivencia o amar, o sofrer, o simpatizar, o vexar-se, o odiar, o ressentir... Até mesmo os gestos mais corriqueiros, de natureza secundária, como aquele jeito de sustentar o olhar enquanto escuta o outro, a maneira que é só sua de estreitar os olhos ao sorrir, o modo quase cômico com que se move ao se sentir estimulado, são atos concretos e "[...] o são por

---

139. SCHELER, M. *Der Formalismus in der Ethik und die materiale Wertethik*. Op. cit., p. 374.

140. Ibid.

141. Cf. SANDER, A. *Mensch-Subjekt-Person* – Die Dezentrierung des Subjekts in der Philosophie Max Schelers. Op. cit.

distinguirem-se qualitativamente graças a serem vividos por um alguém qualitativamente único"[142].

Desejamos ressaltar, a partir disso, duas coisas: 1) as manifestações do espírito se radicam na pessoa (compreendendo por espírito o que, partindo da esfera obscura da vida em geral, vem à luz na consciência por meio do ato intencional)[143]; e 2) que no ser espiritual da pessoa se institui individualidade. Tal índice, por sua vez, tem a ver com o modo de essencialização de determinada pessoa, concernindo aos atos personais que lhe são exclusivos e identitários. Assim, portanto: "O 'espírito' já é *em si próprio* individualizado, não somente pela sua existência, mas pelo seu *modo de ser específico*"[144]. Scheler nos leva mesmo a depreender que nos individualizamos menos por ocorrências fortuitas do que pela cooperação de concentração, individuação e singularização com o *espírito divino*[145](*sic*).

---

142. SÁNCHES-MIGALLÓN, S. *La persona humana y su formación em Max Scheler*. Pamplona: Universidad de Navarra, 2006, p. 134.

143. Cf. FRINGS, M.S. Drang und Geist. In: *Grundprobleme der grossen Philosophen* – Philosophie der Gegenwart II. Göttingen: UTB, 1973, p. 9-42.

144. SCHELER, M. As formas do saber e da cultura. In: *Visão filosófica de mundo*. São Paulo: Perspectiva, 1986, p. 42 [Trad. Regina Winberg].

145. A tematização da ideia de Deus na filosofia de Scheler será posposta para a "Décima lição".

Para cada pessoa, um mundo se lhe contrapõe ou, dizendo em termos fenomenológicos, para cada centro de atos intencionais (terreno do espírito) há sempre um mundo que lhe é correlato fenomenal (campo de objetos)[146]. Assim:

> [...] corresponde a cada pessoa individual também um *mundo individual*. Assim como cada ato pertence a uma pessoa, cada objeto essencialmente "pertence" a um mundo. Cada mundo está unido *a priori* em sua estrutura essencial a conexões de essências e a conexões de estrutura essencial a conexões de essências e a conexões de estrutura existentes entre as essências objetivas. Cada mundo é, simultaneamente, um mundo concreto e exclusivamente como o *mundo* de uma *pessoa*[147].

Dizer, no entanto, que mundo é o mundo da pessoa não significa, em hipótese alguma, que a pessoa "possua" um mundo ou, por outro lado, que seja "parte" dele. Para Scheler, mundo é correlato intencional da pessoa, mundo é sempre "mundo-vivido", conformando-se em domínios objetivos diversos.

---

146. Cf. FRINGS, M.S. Towards the constitution of the unity of the person. In: MAYS, W. & BROWN, S.C. (orgs.). *Linguistic analysis and phenomenology*. Nova York: Macmillan, 1972, p. 68-80.

147. SCHELER, M. *Der Formalismus in der Ethik und die materiale Wertethik*. Op. cit., p. 392.

Exemplos disso é o autor mesmo que dá: "[...] egoidade, individualidade, todos os constitutivos essenciais do psíquico, e igualmente o mundo exterior, espacialidade, temporalidade, fenômeno do organismo, coisidade, efeito etc. etc."[148]. Assim, o autor chama o mundo dado imediatamente a uma pessoa individual de "microcosmo", este que sempre pode ser gradualmente alargado ao passo que novos elementos espirituais vão sendo ali descobertos e acrescidos. Um microcosmo, contudo, é sempre espelho de um mundo mais amplo, de um "macrocosmo" consolidado enquanto unidade metafísica, não correspondendo à pessoa humana, finita, mas sendo correlato à pessoa de Deus, infinita por excelência.

Se antes caracterizamos a pessoa individual como núcleo originário de atos, agora acrescentamos que, desse mesmo centro, outros atos partem e se difundem. A intencionalidade desses novos atos tende à vivência do comunitário, na qual a pessoa se vê em com*unidade* com outras. Scheler chamará tal fenômeno de "pessoa conjunta" (*Gesamtperson*). Com essa qualificação, Scheler pretende sustentar que o laço entre indivíduos e seus grupos sociais não resulta de uma interação empírico-fatual, mas de uma correlação *a priori* de múltiplos centros de

148. Ibid., p. 393.

atos e da vivência dessa multiplicidade. Para Scheler, nas vivências da pessoa conjunta se conjugam atos das pessoas individuais na forma de uma unidade social (p. ex., um grupo social primário), esta que, por sua vez, pode ligar-se a outra mais ampla (um grupo social secundário), podendo ampliar-se cada vez mais. Para Scheler, a essência de uma pessoa conjunta se evidenciaria no sentido da ação comunitária, da responsabilidade pelo outro, da solidariedade etc.

A diferença mais fundamental entre a pessoa individual e a pessoa conjunta, assim, está no fato de, na primeira, a intencionalidade dirigir-se ao realizador de seus próprios atos. Trata-se da pessoa que "em carne e osso" *sou* (Pedro, Teresa, Renato); na segunda, a *intentio* se volta ao outro, na forma da coletividade, assim aponta para o espírito coletivo, deixando entrever suas características de grupo social, de comunidade, de sociedade. Daí fazer todo sentido falar, com respeito à ideia de pessoa coletiva, em "espírito de um povo", "*ethos* de determinada classe", "verdade espiritual de certa casta" ou, mais concretamente: "identidade brasileira" ou "caráter alemão". Por tudo o que foi dito até aqui, mesmo sumariamente, já é possível estimar o quanto a noção scheleriana de pessoa coletiva constituiria um elemento inovador para a pesquisa social de sua época.

Enquanto autores de seu tempo se esquivavam de designações que poderiam restringir a compreensão de seus pensamentos ao rotulá-los, Max Scheler parece não se incomodar com isso; afinal, foi ele mesmo quem formulou a expressão que nomearia a sua "doutrina da pessoa". Afirmamos isso, pois identificamos a palavra "personalismo" (*Personalismus*) já no subtítulo de seu *O formalismo na ética e a ética material dos valores*. Aquele título técnico diz: *Novo ensaio de fundamentação de um personalismo ético*.

O personalismo costuma ser apontado como o contributo mais original do pensamento scheleriano. Com base em nossa exposição até aqui, podemos afirmar que, para nosso filósofo, o personalismo se apoia no princípio de que apenas à pessoa é facultada a experiência fundamental dos valores éticos. Valores éticos são, então, conteúdos fenomenais manifestos desde atos intencionais da pessoa, axiologicamente experimentados e tomados sentimentalmente no horizonte personal. Desse modo, como se disse antes, bom e mau são possibilidades exclusivas da pessoa, portanto, apenas ela pode ser considerada uma consciência moral, e decorre disso que qualquer ato de valoração ética (p. ex., os vigentes numa ética da virtude, numa ética da bem-aventurança, numa ética da liberdade, da responsabilidade, da alteridade etc.) se realiza no centro de atos que a pessoa é. Justamente por isso, no seio do personalismo axiológico de Scheler, pessoa, entre todos, é o ente mais valoroso.

O projeto scheleriano de um personalismo axiológico vê-se intrinsecamente relacionado à compreensão que o filósofo tem de humano; desse modo, muito de seu personalismo acaba por se realizar no âmbito de suas reflexões de antropologia. No espaço que nos cabe aqui, não será possível acompanhar em pormenores a relação entre personalismo e a antropologia filosófica de Scheler, sendo que uma apresentação sobre esta está reservada para mais tarde[149].

A exposição conceitual deste capítulo pretendeu-se suficiente ao ocupar-se do necessário quando uma exposição do conceito de pessoa era o objetivado; entretanto, manda a verdade dizer que muitos pontos dignos de nota ficaram por ser apresentados, para inventariar apenas alguns: a relação entre pessoa e a pessoa alheia (alteridade); uma diferenciação detalhada entre pessoa e psiquismo; a contraposição entre pessoa e organismo; a indicação do quanto a autonomia da pessoa passa pela experiência do corpo (o que seria revelador do quanto Marcel, Sartre e Merleau-Ponty são devedores de Scheler em suas reflexões sobre a corporeidade); de como poderiam ser melhor apresentadas ca-

---

149. Cf. a "Nona lição".

racterísticas da pessoa como sua individualidade, transcendência e valor; a indicação de que a pessoa amadurece para a experiência moral (e que, portanto, antes de mais ninguém, foi Scheler que indicou que, nesse sentido, a criança em tenra idade ainda não seria "pessoa"); as pessoas modelares e os tipos puros de pessoa de valor (o santo, o gênio e o herói), o laço entre a pessoa humana e a Pessoa de Deus... Esses pontos permanecerão como lacunas em nosso trabalho, aguardando por receber a atenção merecida em outra ocasião.

Sétima lição

Do ressentimento

Na sequência das análises da vida sentimental, portanto ainda na orla de uma fenomenologia dos valores, Max Scheler passa a ocupar-se de temas que, à primeira vista, pareceriam insólitos. Enfocando sentimentos como o "ressentimento" e a "simpatia", o filósofo investiga o quanto eles teriam vez em uma ética, como incidem nas construções morais e como integram a ideia corrente de moralidade[150].

Em Scheler, a intuição de tratar do ressentimento e de sua ligação com a moral é matizada pela influência de Friedrich W. Nietzsche[151], a ponto de

---

150. Scheler convenciona a seguinte distinção entre ética e moral: a moral encontra seu objeto nos fatos históricos do comportamento e conhecimento prático; a ética se ocupa dos princípios deste conhecimento, teorizando sobre suas formas e seus conteúdos.

151. Aos interessados em saber sobre os conceitos nietzschianos de "valor", "ressentimento", "vingança" e "transvaloração" (implícitos na lição), recomendo meu texto. Cf. KAHLMEYER-MERTENS, R.S. Da genealogia da moral em F.W. Nietzsche. In: *Filosofia primeira* – Estudos sobre Heidegger e outros autores. Rio de Janeiro: Papel Virtual, 2005, p. 103-130.

avaliarmos que, em seu *Da reviravolta dos valores* (1915), particularmente no ensaio "O ressentimento na formação das morais" (1912), Scheler pensa apropriando-se do capital oferecido pela *Genealogia da moral* (1887)[152]. Embora não encampando na íntegra a tese nietzschiana de que o ressentimento seria típico e característico do paradigma judaico-cristão, Scheler concorda com o outro quanto ao ressentir poder ser identificado em certos comportamentos e em determinadas sociedades e culturas.

O fenomenólogo permanece alinhado a Nietzsche até na hora de adotar o termo para nomear sentimento em pauta. Como o filósofo de Röcken, Scheler se vale do termo francês "*ressentiment*" para se referir àquele. Tal opção se deve menos a predileção pela língua francesa (ou por qualquer afecção beletrista) e mais por ambos os pensadores concordarem quanto ao termo, em sua língua natal, ser insuficiente para expressar a riqueza do fenômeno. Em alemão, "ressentir" é tanto *Nachfühlen* quanto *Nachleben*; no primeiro caso, literalmente um "sentir após" (interpretaríamos como um *sentimento que se demora*); no segundo, um "viver após" (ou um *vivenciar algo até depois*). Na língua de Racine, ainda podemos pensar o ressentir como um *re-senti-*

152. Cf. NIETZSCHE, F.W. *Zur Genealogie der Moral*. Op. cit.

ment, o que coloca junto às duas primeiras a acepção de *repetição* de determinado sentimento. Desse modo, ressentir seria ao mesmo tempo um sentir residual e uma vivência reiterada. Nos contextos de sua aplicação, a palavra não traduz sentimento ameno e afável – é sempre com caráter negativo de animosidade que o ressentimento se expressa.

As análises schelerianas do ressentimento têm por tarefa elucidá-lo enquanto unidade de vivência[153]. Em vista dessas, o filósofo começa por indicar a incidência de certos sentimentos em sua beira, entre eles: inveja, rancor, cobiça, malícia, ódio, maldade e ímpeto de vingança. Frente a tal elenco, seria mesmo possível esboçar, com Scheler, uma caracterização preliminar do sentimento em apreço:

> Ressentimento (*Ressentiment*) é um *envenenamento da alma*, com causas e consequências bem determinadas. Ele é uma introjeção psíquica contínua, que, por meio de um exercício sistemático de recalcamento de descargas emocionais, desperta certos movimentos internos e afecções, que, em si, são normais e pertencem à estrutura fundamental da natureza humana; bem como uma série de introjeções contínuas sob a forma de ilusões de valor,

153. SCHELER, M. *Da reviravolta dos valores*. Op. cit., p. 45.

> que trazem como consequências os juízos de valor[154].

Dessa passagem se extrai uma caracterização formal e nela parece-nos significativa a indicação do quanto o ressentimento é próprio ao humano, o que ressalva seu caráter nada incomum. Desejamos dizer que manifestações de ressentimento são mais presentes do que se pode pensar, podendo ser observadas e até fatidicamente experimentadas nos mais diversificados ambientes, para enumerar alguns: agremiações esportivas, instituições políticas e em certos departamentos acadêmico-universitários (especialmente os de ciências humanas)...

Nosso filósofo reputa "extraordinárias" as teses de Nietzsche sobre o ressentimento na *Genealogia da moral*. Diga-se, todavia (sem lugar à efusão), que não são menos admiráveis as análises e as descrições que Max Scheler elabora sobre os sentimentos que primeiro figuram no ressentimento. Na impossibilidade de uma larga apresentação desses, a seguir nos restringimos à "inveja", ao "rancor", à "malícia" e ao "ímpeto de vingança".

Entre os sentimentos incidentes no ressentimento está a *inveja*. Scheler nos faz compreender que esta pode ser enfocada em dois níveis. No primeiro,

---

154. Ibid., p. 48.

mais trivial, ela consiste na aspiração à posse de um bem que o outro possui[155]. A inveja, no entanto, surge apenas em casos em que a aspiração por possuir bens como os do outro por algum motivo fracassa, ao confrontar-se, por exemplo, com *incapacidade* ou *impossibilidade*. Nesse caso, a tensão gerada por esse sentimento, concretizada como amargura pela privação do bem desejado, descarrega-se na forma de hostilidade contra aquele que possui o que tanto se deseja e menos contra a causa ou motivação que lhe impede de o possuir. Nesse patamar, contudo, a inveja pode dissipar-se quando o bem cobiçado é obtido.

Em um segundo nível, a inveja não se dirige ao bem de uma pessoa, mas à sua essência individual. O que aqui está em jogo logo se esclarece por meio da caracterização de Scheler: "Esta inveja sussurra continuamente: 'eu posso te desculpar tudo; a única coisa que eu não posso te desculpar é o fato de que tu és e és a essência que tu és; apenas o fato de eu não ser o que tu és; sim, que 'eu' não sou 'tu'''"[156]. Admirando o outro pelo avesso e impotente ante o fato de não *ser como* tal (ou, tampouco, de *sê-lo*),

---

155. O conceito de "bem" deve ser aqui compreendido em sentido amplo, não apenas bens materiais, mas certas qualidades de caráter, capacidades de realização, dotes de cultura e de formação.

156. Ibid., p. 56.

eis aí a "*inveja existencial*"[157]. Essa modalidade de inveja, ao contrário da anterior, jamais se dissolve e isso assim é porque, antes ainda se podia descarregar o tenso sentimento de inveja ao adquirir o bem que a motiva; aqui, o anseio de *ser como* ou *ser o outro* é irrealizável, portanto, definitivo. Com isto em vista, Scheler nos lembra de uns versos de Goethe que falam de uma "eterna censura à essência" do outro; asseverando depois: "Goethe, na certa, sabia disso, pois sua existência grandiosa e rica deve ter sido afeita como poucas para despertar o ressentimento – para fazer fluir o veneno em sua simples manifestação"[158].

O *rancor* é outro fenômeno estudado por Scheler. Resulta do sentimento de valor próprio ferido e é típico daquele que sofreu ou, equivocado, pensa ter sofrido uma desonra, julgando ser merecedor de uma reparação a seus "brios feridos". Repetido em fluxos que os tornam cada vez mais intensos, e que se revertem em danos cada vez mais dolorosos, o rancor ainda não é o bastante para disparar uma iniciativa de vingança; reprimida, surge em lugar da desforra a tendência à detração, a maldizer aquele que, ainda que fantasiosamente, teria lhe impingido contrariedade ou suposta ofensa.

---

157. Ibid.

158. Ibid., p. 83.

O rancor também implica ressentimento; para Scheler, ele "[...] tanto mais toma a face do ressentimento quanto mais se faz durável, contínuo, sentido enquanto ato e ação de ferir, quanto mais toma a face na constituição retirada do poder da vontade dos feridos; quanto mais a lesão é sentida enquanto *destino*"[159]. É possível encontrar, nessa descrição, traços da conduta de "vitimização" tão frequente em nossa época, junto a alguns indivíduos e grupos que, afetados com o modo como se reage a eles, sentem-se no direito de retratação símile a uma pequena represália. Daí se indicar que o rancor é ressentimento observado entre aqueles que possuem características físicas inevitáveis ou, dizendo mais claramente com Scheler: "Por isso é que os anões e aleijados, por exemplo, que já se sentem humilhados pela aparência externa de outros homens, mostram tão facilmente este ódio peculiar, esta selvageria pronta a irromper e própria de hienas"[160]. O pensador também atribui o mesmo sentimento aos ingênuos e aos pouco inteligentes (a este rol julgamos poder acrescentar: aos tímidos, aos rudes e aos teimosos).

A *malícia*, por sua vez, não deixa de estar relacionada ao rancor. Nesse caso, ela é forma de dar voz ao sentimento negativo por meio da "galho-

---

159. SCHELER, M. *Da reviravolta dos valores*. Op. cit., p. 54.

160. Ibid., p. 83.

fa". Esta segue um trajeto que "[...] vai da simples 'alegria sarcástica' até a 'maldade', a qual procura sempre novas oportunidades de realizar uma alegria sarcástica [...]"[161]. A malícia, assim, está na piadinha sardônica de ocasião, no apelido ridicularizante posto no outro, no deboche matreiro – trata-se, pois, de um modo de verter a zanga reprimida por meio de uma tirada divertida, ainda que não isenta da intenção de hostilidade.

A inveja, o rancor e a malícia, por mais que concorram para a formação do ressentimento, desempenham papel menor nessa gênese, sendo o ímpeto de vingança o agente mais significativo.

Geralmente se compreende a vingança como qualquer "revide"; assim, diante da agressão, em ato reflexo, se devolveria o golpe. Para Scheler, como se depreende a partir da próxima citação, tal gesto não pode ser considerado vingança, pois:

> Os atos de vingança, muito mais essencialmente, possuem duas especificidades: um *distúrbio* e uma retração no mínimo momentâneos, ou mesmo uma duração determinada, das funções da alma e do corpo, do impulso contrário que se segue imediatamente [...] ligando-se a isso uma transposição desta reação contrária sobre um outro tempo e situação mais apropriados

---

161. Ibid., p. 50.

> [...], sendo que se segue a esta reflexão, necessariamente, um sentimento cunhado de *impotência*, de “não poder”[162].

Em vez de uma reação imediata à ofensa (ou à suposta ofensa), o ofendido hesita e se retrai diante de fatores que impossibilitam sua reação ou de um sentimento subjetivo de impotência momentânea. Entretanto, nesse caso, o distúrbio acarretado pelo agravo e os ímpetos de reação a ele são apenas transferidos para outra ocasião, são adiados. A vingança espera, assim, a circunstância oportuna para irromper, depois de um período de gestação operoso e sombrio, como ataque colérico ou como ardil danoso ao outro, para citar apenas dois exemplos.

Scheler destaca o fato de o ímpeto de vingança (e o ressentimento que lhe corresponde) ser mais comumente notado entre indivíduos que possuem o mesmo *status* social e desfrutam da mesma situação de direito, como seria típico nas democracias liberais. Todavia, o princípio democrático que resguarda a igualdade de direitos entre “pares” – é preciso dizer incisivamente – *não elimina, em hipótese alguma, as diferenças produzidas pela constituição, disposição e capacidades de realização individuais*. Nessas circunstâncias, alguns indivíduos podem discrepar de outros por suas habilidades (altas ou bai-

162. Ibid., p. 48.

xas) de produzir, de empreender, de adquirir bens, de se fazerem conhecidos por seus valores e méritos em determinados círculos. Isso nos leva a crer que: "Todo sentimento de ressentimento necessita da 'comparação' com outras pessoas que não têm sentimentos ressentidos"[163]. No caso de uma discrepância por superioridade de valor, ela facilmente seria assumida como "ameaça" à ordem mediana confortavelmente estabelecida, da qual alguns são beneficiários. A diferença, por meio da comparação valorativa, faz mesmo que eles se sintam "constrangidos" ou "inferiorizados" pelo contraste (ainda que nunca tenham esboçado qualquer ação para minimizar tal diferença ou reação a constrangimentos anteriores que motivariam seu próprio crescimento e capacitação)[164]; para Scheler, eis mais um fator capaz de instilar o ressentimento social.

O fato de o ímpeto de vingança transparecer em relações entre o "constrangido" e o "constrangedor", o "inferiorizado" e o "inferiorizador", pode estar ligado não apenas à diferença de conduta que implica desigualdades de valor, mas também ao fato de, ao reconhecer inevitavelmente o valor su-

---

163. FRINGS, M.S. *The mind of Max Scheler*. Op. cit., p. 146.

164. Cf. SÁNCHEZ-MIGALLÓN, S. Resentimiento, arrepentimiento y renacimiento espiritual en Max Scheler. In: *Facies Domini*, n. 4, 2012, p. 185-200.

perior do outro, alguns se colocarem involuntariamente em posição de submissão. Em casos como esses, mais cedo ou mais tarde floresce um tipo de sentimento assemelhado aos que se dão entre liderado e líder, esse caracterizado por um desconforto contra o sentimento de estar subordinado à autoridade de alguém. Ora, pouco importa se há de fato um jugo, se alguém desempenha (deliberadamente ou não) liderança, ou se tal condição é apenas imaginária – o que de fato importa é que dessa vivência resulta uma aversão (como ímpeto de vingança) contra a autoridade –, aversão repleta de amargura e envenenadora da alma[165].

Scheler alerta a respeito do fato de esse envenenamento, que se inicia na esfera individual, poder se disseminar na coletividade, portanto: "No caso de ele se mostrar junto a outros, isto se dá ou em uma transmissão por meio da contaminação psíquica – cujo veneno, extremamente contagioso da alma, é especialmente capaz – ou em uma pulsão reprimida mesmo violentamente nessas pessoas, desde a qual a formação do ressentimento encontra seu ponto de partida [...]"[166].

Com o movimento de exposição desenvolvido até aqui, o leitor perspicaz já deve ter percebido

---

165. SCHELER, M. *Da reviravolta dos valores*. Op. cit., p. 51.

166. Ibid.

algo que nosso filósofo enfatiza, por mais de uma vez, em seu escrito. A vingança – em torno da qual vigora o imaginário do "anjo justiceiro" e do "estrategista astucioso" – só dá voz à fragilidade de quem a leva a cabo[167]. E ela é expressão de uma vivência de impotência e do sentimento patético de ser (com um olhar esverdeado lançado de viés por cima do ombro) mau espectador dessa impotência; por isso nos dizer Scheler: "Mesmo a vingança em si [...] *sempre é, em primeiro lugar, coisa dos fracos*"[168].

É a partir desse ponto que divisamos a ligação do fenômeno do ressentimento com certas valorações morais. Assim, portanto, com base nos saldos dos exames até aqui empreendidos, Scheler sustentará que o autêntico ajuizamento moral, diferente do que pensava Nietzsche, não pode fundar-se no ressentimento. Para Scheler não poderia ser de outro modo, pois, coerente ao já firmado em outro lugar[169], a legítima moralidade se assenta

> [...] na eterna *hierarquia dos valores*, e nas colocações preferenciais que evidentemente correspondem a ela, sendo que estas são

---

167. Ibid., p. 52.

168. Ibid., p. 48 (grifo nosso).

169. A saber, nos diversos momentos em que nosso filósofo acena à legalidade própria à ordem apriorística dos valores. Cf. SCHELER, M. *Der Formalismus in der Ethik und die materiale Wertethik*. Op. cit.

> *tão objetiva e rigidamente "inteligíveis"*, quanto as verdades da matemática. Existe uma "*logique du cœur*" e uma "*ordre du cœur*" – como diz Pascal – que o gênio ético descobre aos poucos na história, sendo que não são elas mesmas que são "históricas", mas tão somente sua compreensão e conquista. Contudo, o ressentimento é uma das fontes da *reviravolta* desta ordenação eterna na consciência humana: é uma fonte de engano no que diz respeito ao atingimento desta ordenação e de sua conformação no seio da vida[170].

Essa passagem faz com que recordemos nossa lição anterior, na qual se afirmou que valores se dão ao ato intencional sentimental e que nesse "*globus sentimentalis*" se evidenciaria o caráter apriorístico não apenas das suas qualidades axiológicas objetivas, quanto de seu ordenamento absoluto. Seria, portanto, nos conteúdos eidéticos (= essenciais) dos valores e no modo como eles dispõem a assim chamada "ordem do coração", que a valoração moral propriamente se fundamentaria. A citação também retoma, agora mais atentamente, algo apenas mencionado na anteriormente, o fato de o ressentimento "entulhar" a experiência dos fenômenos. Isso impediria sua autoevidência, distorcendo o

170. Ibid., p. 79-80.

teor do que foi sentimentalmente tomado. Em face disso, Manfred Frings avalia: "Qualquer sujeito de ressentimento *per se* sofre de um 'conflito trágico' contínuo entre valor-ilusão e a translucidez da ordem dos valores. Uma das tarefas mais urgentes, mas talvez insuperável na sociedade, para Scheler, é 'elucidar' (*ent-täuschen*) os seres humanos para restaurar a ordem do coração"[171].

Antes, no entanto, de chegar a ser propriamente o que Scheler, parafraseando Nietzsche, denomina "falseamento das tábuas de valor"[172], essa restauração passa por um processo intermediário. Nele, tentando camuflar a insatisfação pelo desejo irrealizado de posse, o homem do ressentimento afeta menosprezo por aquilo que cobiçava ou pelo possuidor do bem privado. Daí, tal como acontece naquela fábula de Esopo sobre a raposa e o cacho de uvas, o ressentido deprecia o bem ou desvaloriza as qualidades de quem as possui. Desviando o olhar das qualidades positivas do bem, ajuíza-se, então, que "as uvas estariam mesmo azedas", ou que "Fulano não é tão inteligente, valente ou sincero quanto se estimava". Para Scheler:

> Este tipo de caso ainda não constitui, contudo, *uma* falsificação, mas tão so-

---

171. FRINGS, M.S. *The mind of Max Scheler*. Op. cit., p. 148.

172. SCHELER, M. *Da reviravolta dos valores*. Op. cit., p. 84.

> mente uma outra perspectiva acerca das propriedades das coisas, dos homens etc., por meio dos quais ela nos apresenta determinados valores. Não deixam de ser reconhecidos aqui, tal como antes, o *valor* do sabor dos cachos de uvas doces, da inteligência, da valentia, da sinceridade. A raposa não diz realmente que "doce" é ruim, mas que os cachos de uva eram "azedos"[173].

O desvio do olhar, apesar de degradar o outro, entretanto ainda opera com valores de uma esfera de consideração comum; é o que Scheler depreende ao ver que o ressentido, mesmo quando ajuíza *não-doce*, *não-inteligente*, ainda considera positivos os valores de doce e de inteligência.

Diferente é o que se visa num estágio mais agravado do ressentimento. É na análise desse ponto que Scheler mais se aproxima de Nietzsche. A partir de agora, o ressentimento, ora dirigido a um determinado indivíduo ora a uma determinada coisa, generaliza-se (volta-se a indivíduos indeterminados). Em sua propagação, o ressentimento passa a dar vazão à sua tendência de aniquilar a reputação das coisas e dos homens portadores dos valores positivos que, potencialmente, impingiam-lhe cons-

---

173. Ibid., p. 81.

trangimento, humilhação ou ofensa, para instalar, pretensamente, em seu lugar, uma ordem axiológica antagônica: "Deste modo, ele 'calunia' involuntariamente a existência e o mundo, para a justificação de sua constituição interna de vivência valorativa"[174].

Pela fraqueza e pequenez de seu espírito, a simples hipótese de reconhecer ou de ter de transigir com os valores alheios, isso ao homem do ressentimento o repugnaria; em verdade, a ele sequer é dado captar, com evidência, valores positivos, tendo igualmente turvadas as qualidades axiológicas de bens e de pessoas. Assim, passa a ser fácil ao ressentido – sem esboçar qualquer pudor ou receio de estar cometendo uma injustiça – acusar o outro de ser o "mal", de ser um "mau elemento". Perante essa atitude, onde quer que haja a *grandeza* do gesto, o ressentido a desvirtuará em "soberba"; onde houver a mostra de *boa vontade*, ele a distorcerá em "oportunismo"; no *generoso* presente, o ressentido só enxergará "mercantilismo"; na atitude de gratuito *interesse*, a "ganância de concorrente"; por fim, a *mão estendida à conciliação* será mendazmente pervertida em "rendição humilhante". Dietrich von Hildebrand (em estreita concordância com Scheler) diagnostica aí o mais puro ressentimento, próprio

174. Ibid., p. 82.

ao “[...] cobiçoso, ao hostil e ao que se arroga contra todos os valores moralmente significativos”[175].

O processo exposto acima nos coloca diante do que Scheler, em nova paráfrase a Nietzsche, nomeia “vingança sublime”[176]. *Sublime*, presentemente, indica que, após a reversão dos sentimentos de valor, juízos seriam formulados diante de uma situação artificial que, depois de acolhida sensorialmente como “verdadeira”, seria propagada nos grupos passando a ser integrada em seus sistemas valorativos. Uma “transvaloração de todos os valores” ou, ainda, uma “reviravolta dos valores” foi processada aqui. Essa visão da estrutura sentimental do ressentimento tornou possível a Max Scheler sopesar, tendo em conta a história das sociedades europeias, o quanto o ressentimento é atuante na construção de sistemas morais como o cristão e o burguês.

---

175. HILDEBRAND, D. Moralia. In: HILDEBRAND, D. et al. (eds.). *Gesammelte Werke*. Vol. 9: Nachgelassenes Werk. Stuttgart: Kohlhammer, 1980, p. 241.

176. SCHELER, M. *Da reviravolta dos valores*. Op. cit., p. 84.

Oitava lição

Da simpatia

O tema da *simpatia* (*Symphatie*) é abordado com semelhante interesse ético e relacionado à *fenomenologia da vida sentimental*. Em *Essência e formas de simpatia* (1913), obra à qual se delimita o tema desta lição, Max Scheler se interessa em saber se tal fenômeno seria suficiente para fundamentar ações e doutrinas morais. Isso nos faz indagar: Mas Scheler não vislumbra uma ética dos valores, uma fundada no *a priori* axiológico? Qual, então, seria a razão de o filósofo questionar a simpatia como suposto fundamento para a moral?

São três as motivações do filósofo ao questionar a simpatia. *A primeira* é determinar o seu papel no seio das doutrinas dos moralistas burgueses (especialmente os ingleses), por notar que ali ela é conjugada ao lado de outros sentimentos altruístas caros aos representantes do Esclarecimento[177].

---

177. Cf. KANTHACK, K. *Max Scheler, zur Krisis der Ehrfucht*. Berlim/Hannover: Minerva, 1948.

A segunda tem a ver com a audiência que o tema da simpatia recebeu junto à filosofia da vida (corrente que exerceu influxos no período em que Scheler atuava, a saber: em parte considerável das duas primeiras décadas do XX). A *terceira* seria a tarefa de desambiguar o conceito de simpatia, que, à época, permanecia nebuloso e equívoco (inclusive frente a noções como as de "amor" e de "ódio", tematizadas por Scheler desde 1913)[178]. Pontuado isso no início de *Essência e formas de simpatia*, Scheler logo parte em direção à diferenciação dos múltiplos sentidos da "simpatia"[179].

No registro corrente da língua, geralmente ouvimos a palavra em enunciados que a atribuem *a* alguém ou a declaram *por* alguém. Daí dizer-se: "*Fulano é muito simpático*" ou "*Nutro simpatia por Beltrano*". As acepções presentes nesses dois casos expressam preliminarmente certa qualidade ou relação. Ainda que, em sentido lato, logo nos salta aos olhos a polissemia do termo e, se refinada essa vulgata, em busca de mais especificidade, é mesmo possível começar a recobrar algo de sua significação primeira a partir de seus étimos. Temos, assim,

---

178. Cf. SCHELER, M. *Der Formalismus in der Ethik und die materiale Wertethik*. Op. cit.

179. Cf. SCHELER, M. Wesen und Formen der Sympathie. In: FRINGS, M.S. (ed.). *Gesammelte Werke*. Vol. 7. Berna: Francke, 1973, p. 19.

"*sympatheia*", na língua grega, e "*sympathia*", na mediação pelo latim; ambos vocábulos compostos pelo prefixo "*sym*" (que, nos dois casos, significa "com") e pelos radicais correspondentes ao grego "*pathos*" (que diz: "afecção" e, mesmo, "sentimento"), donde vêm as indicações de um "sentir-com", literalmente um "co-afetar-se". Tal significação é a mesma observada em *Sympathie*, termo do alemão culto com origem latina, e em *Mitgefühl*, sinônimo de raiz germânica, ambos usados por Max Scheler. Quem se recorda das nossas lições anteriores na certa identificará, na composição desta palavra alemã, o *Gefühl* (sentimento), presente quando em pauta esteve a tomada dos valores; do mesmo modo, quem aqui atentou para o "*mit-*" ("com") no *Mitgefühl*, também veria este "com-" em palavras designativas de significados próximos ao do fenômeno da simpatia visado por Scheler, a saber: "*com*paixão" ou "*com*padecimento" (*Mitleid*) e "*con*gratulação" (*Mitfreud*)[180].

Ora, se com essas indicações chegamos a uma compreensão prévia da simpatia, diga-se, desde já, que essas aproximações etimológicas ainda não apontam o essencial. O identificado acima nomeia indiscutivelmente "fenômenos simpatéticos" ou, di-

---

180. Cf. SCHELER, M. *Wesen und Formen der Sympathie*. Op. cit., p. 19.

zendo de outro modo, formas ou figuras da simpatia, mas não ainda a essência da simpatia ela mesma. Investigando tal essência, Scheler a diferenciará das formas que dela derivam; em seu ato de discriminação atenta, o filósofo toma em sua pedra de toque quatro desses fenômenos: "1) O imediato sentir-com, por exemplo, um e o mesmo padecimento 'com alguém'; 2) O sentir-com 'em algo': congratulação 'por' sua alegria e compaixão 'com' seu padecer; 3) O mero contágio sentimental (*die blosse Gefühlsansteckung*); 4) A genuína empatia (*das echte Einsfühlung*)"[181].

No primeiro caso, é o "sentir-algo-com-um-outro" (*Miteinanderfühlen*) que está em jogo. Este consiste em um sentir em companhia; neste, pelo menos duas pessoas *sentem a mesma dor ou prazer*. Algo assim pode ser iluminado do seguinte modo: a mãe de um amigo está internada em estado grave na UTI, meu amigo e sua família estão em grande apreensão, significa dizer que vivenciam conjuntamente o mesmo sofrimento manifesto enquanto um complexo de valores. Eu, por minha vez, na mesma circunstância, não deixo de também estar pressuroso, mas o que sofro é diverso do sofrimento do amigo e de sua família. Ali sou apenas um agregado que se condói (que se compadece) do amigo e

181. Ibid., p. 23.

de sua dor. Aqui se enfatiza que o sentir-algo-com--um-outro, enquanto fenômeno simpatético; é tanto espiritual (nas emoções e nos impulsos) quanto cognitivo (estando em jogo, p. ex., a simples compreensão daquilo que o outro sente)[182].

O "contágio sentimental" (*Gefühlsansteckung*) é o próximo fenômeno analisado. Este pode ser exemplificado como o que se dá quando chegamos desanimados numa festa e logo nos deixamos alegrar pelos outros que festejam; é o mesmo que se dá quando (em uma sala de espera num consultório médico ou numa reunião de família) alguém começa a desfiar um rosário de queixas a respeito de seu estado de saúde e os demais também se sentem comovidos a narrar suas próprias mazelas; por fim, também é contágio sentimental aquele ímpeto hilariante que nos toma quando notamos que a pessoa ao lado no elevador prende o riso diante da apatia embaraçosa dos demais passageiros.

Nesses casos, Max Scheler ressaltará o caráter involuntário do fenômeno. Para ele, o contágio é

182. A respeito do sentir-algo-com-um-outro, o filósofo nos diz que este: "Só nos fornece a qualidade do estado alheio, não sua realidade. Por isso podemos sentir plenamente as alegrias e os pesares dos personagens dos romances, de figuras fictícias dos dramas (Fausto, Margarida, p. ex.) que o autor representa, *re*-sentimos – mas não simpatizamos genuinamente com eles [...]" (Ibid., p. 107).

um fenômeno de "arrastão", no qual não necessariamente nos ligamos sentimentalmente à alegria ou à dor do próximo, tampouco participaríamos de suas vivências[183]: "Um tipo de transe, o contágio sentimental é muito mais superficial do que a simpatia; limita-se a impor-nos *sem o nosso conhecimento* as expressões sentimentais [...]"[184]; somos, portanto, arrastados por essas expressões sem que haja realmente um conhecimento do sentimento do próximo.

Ressaltando que o fenômeno em apreço tende a repetir-se, assim retomando seu ponto de partida, Scheler indicia também a ampliação de seu raio de contágio[185]. Assim, "[...] os contagiados transmitem seu estado contagioso, que se intensifica e, a sua vez, contagia aumentando desde o início e assim *in crescendo*. Isso é o que ocorre [p. ex.] na agitação das massas e na formação da opinião pública"[186]. Torna-se visível aqui como o contágio se dá coletivamente e, embora nosso filósofo não tenha vivido para presenciar o advento das redes sociais, a

---

183. Ibid., p. 26.

184. KONCZEWSKI, C. *La sympathie comme fonction de progrès et de connaissance*. Paris: PUF, 1951, p. 44.

185. SCHELER, M. *Wesen und Formen der Sympathie*. Op. cit., p. 26.

186. AZEVEDO, J.L. *Max Scheler* – Exposición sistemática y evolutiva de su filosofía. Op. cit., p. 189.

visibilidade desse tipo de contaminação se tornou significativamente mais visível nesses ambientes. Ali não é raro presenciá-lo, por exemplo, na forma da adesão tão instantânea quanto impensada a sentimentos e a suas expressões, que, apoiados em afetações coletivas, passa-se a senti-los como individuais e próprios sem experimentar sua origem.

A *empatia* (*Einfühlung*) é o terceiro fenômeno simpatético a ser abordado por Scheler. Para ele: "A genuína *empatia* é unificação (ou identificação) do *eu próprio* com um *eu individual alheio*". Trata-se – por assim dizer –, de apenas um caso ampliado, de um caso-limite do contágio sentimental. É limítrofe, na medida em que aqui não apenas há o outro, "[...] mas o eu alheio é diretamente identificado (em todos os comportamentos fundamentais) com seu próprio eu. Também aqui é a identificação tão involuntária quanto inconsciente"[187].

Temos aqui, verdadeiramente, uma *unificação sentimental* de um eu próprio com um outro eu[188]. Diz-se "unificação", pois, "na 'empatia', a distância de outro, que sempre existe no compadecimen-

---

187. SCHELER, M. *Wesen und Formen der Sympathie*. Op. cit., p. 23.

188. Cf. ZAHAVI, D. Beyond empathy – Phenomenological approaches to intersubjectivity. In: *Journal of Consciousness Studies*, vol. 8, n. 5-7, 2001, p. 151-167.

to, desaparece completamente, e outra essência é inteiramente identificada com a nossa própria"[189]. Para Scheler, a classificação de tal fenômeno é possível identificando duas modalidades. Assim, ela é do tipo "idiopático" (*idiopathischen*), quando o eu alheio é absorvido pelo meu próprio eu, e "heteropático" (*heteropathischen*), quando o eu se mostra preenchido pelo eu de outrem.

Abordado em sua ampla curva e fazendo *jus* aos pensadores que se ocuparam de investigá-lo (Theodor Lipps, Edith Stein, Paul Schilder...), Scheler, em seu exame do fenômeno, identifica casos de empatia dando exemplos de suas mais pitorescas formas, para citar apenas alguns: a) a identificação, nas sociedades indígenas que cultuam totens, dos membros da tribo com exemplares da espécie do animal totêmico; b) a unificação sentimental nas antigas religiões de mistérios nas quais se identifica, por exemplo, o estado de êxtase e o culto à divindade; e c) o laço entre o hipnotizador e o hipnotizado, quando o processo hipnótico é duradouro.

Scheler reserva papel específico para a unificação sentimental em sua obra. Ela participa da constituição do humano. Atuando entre a consciência

---

189. KANTHACK, K. *Max Scheler, zur Krisis der Ehrfucht*. Op. cit., p. 255.

corporal e o núcleo espiritual da *pessoa*[190], ela é terreno intermediário designado *consciência vital* e que corresponderia à região psíquica da pulsão de vida e de morte, das paixões, das emoções e das tendências.

Ao chegar à *simpatia propriamente dita*, Scheler começa por caracterizá-la com a indicação de que ela é participação no que o outro é dado a sentir, o que faz com que, rigorosamente, a simpatia seja congratulação e compaixão. Diferentemente dos casos anteriormente apresentados, atua na simpatia a intencionalidade, esta dirigida à alegria ou à dor do próximo; assim, há que se indicar a simpatia como ato de consciência e também como seu correlato objetivo. Desse modo: "*Todo* simpatizar contém a *intenção* do sentir dor ou alegria pela vivência do outro. O simpatizar como 'sentir' [...] está 'dirigido' a ela; o simpatizar não surge ante a dor alheia, mas ante a 'vivência' da dor alheia, como função sentimental"[191].

Por corresponder à dor ou à alegria do outro, diz-se que o fenômeno da simpatia é *reativo* e tal correspondência é indício da experiência viva do outro. Isso ocorre não porque a pessoa seja capaz

---

190. Conceito que fica aqui pressuposto, mas que encontrará tematização em nossa "Oitava lição".

191. SCHELER, M. *Wesen und Formen der Sympathie*. Op. cit., p. 24.

de emitir o "juízo" ou de representar "que o próximo sente dor" (a simpatia conta com o conhecimento do outro e de seus estados sentimentais). Afinal, para Scheler, a mera cognição do outro e de seus estados seria ainda insuficiente para a simpatia. É, portanto, na participação dos conteúdos materiais das vivências sentimentais alheias que descubro o outro como diferente de mim. É assim que conquisto a genuína experiência da pessoa alheia (inviabilizando qualquer pretensão de solipsismo). Justamente por isso a simpatia se evidencia como autêntico fundamento da intersubjetividade.

Nosso filósofo, todavia, indica que o ato intencional de simpatizar admite a inversão da chave congratulação-compadecimento, permitindo assim que alguém se melindre com o sucesso alheio ou, pior, regozije-se da adversidade sofrida pelo outro. Claro, ao nos depararmos com algo assim, logo sobressalta a requisição moral. Afinal, isso não seria valoroso. É nesse momento que Scheler enseja que a simpatia é incapaz da experiência dos valores morais, asseverando ainda que ela é cega para seu próprio valor, sendo, portanto, "[...] totalmente falso ser da opinião de que *qualquer* avaliação ética advenha de um sentimento de simpatia"[192].

192. Ibid., p. 18.

Tais descrições características distinguem a simpatia das formas precedentes, como também introduzem a diferença essencial entre esta e o "amor" (fenômeno cujo exame ocupa a segunda metade de *Essência e formas de simpatia*). A mesma caracterização também nos permite entrever alguns dos resultados que a investigação de Scheler obtém sobre a viabilidade de uma ética da simpatia (a serem vistos logo adiante).

No itinerário de sua tematização da simpatia, nosso filósofo ainda acrescenta uma análise das teorias a seu respeito vigentes na época. Seriam elas: as *doutrinas genéticas*, que leem a simpatia como a compreensão do outro, sustentada por uma subjetividade empírica capaz de estimar seu sentimento ao projetar para si circunstância análoga; as *doutrinas metafísicas*, para as quais o sentimento da simpatia (originário e irredutível) revelaria regiões da realidade que permaneceriam ocultas sem ela e, para outras, a simpatia daria a conhecer a suposta unidade metafísica da vida; e as *doutrinas filogenéticas*, de orientação evolucionista, interpretam a simpatia como inata ao homem, mas que se desenvolve em vista do outro no convívio social. Ao examinar tais doutrinas, Scheler pretende indicar como elas estão aquém do modo fenomenológico de operar, deixando, portanto, de captar traços essenciais da simpatia enquanto fenômeno. O autor não poupou críticas a essas teorias da simpatia, rejeitando principalmente as genéticas, que julgavam possível enquadrar a simpatia na esfera vital, no campo do biopsíquico. Em vez disso, seria ela um fenômeno espiritual ligado à ideação das essências dos objetos fenomenais. É o que nosso filósofo logra como evidência ao orientar-se mais pelos fatos fenomenológicos do que por postulados teóricos questionáveis.

Ao fim de sua tematização sobre a simpatia, naquela obra de 1913, o filósofo se acha seguro para postular "leis de fundamentação da simpatia". Entre elas, Scheler dirá que o sentir-com (*Mitgefühl*) é fundamento da simpatia e esta, por sua vez, é "[...] fundamento necessário à possibilidade do sentimento do amor ao homem"[193]. O amor, fenômeno ainda mais complexo que o da simpatia, mais do que esta mesma, seria, enfim, o sentimento que nos facultaria a clara tomada da essência da pessoa amada nos mostrando essencialmente a igualdade do eu com o eu-outro, que passa a deixar de ser obscuro. Numa palavra, o amor, mais do que a simpatia, descobre a essência dos outros e nos coloca diante de um fundamento ético primordial.

Desde o início, no entanto, interessado em determinar sua significação moral e social da simpatia, foi que Scheler se mostrou e, apenas agora,

---

193. Ibid., p. 108.

quando julga poder apontar um valor intrínseco à simpatia, apesar de esse valor não justificar o anseio por uma "ética da simpatia". A explicação de Scheler para isso? Scheler compreende que a simpatia não possui um valor positivo e que qualquer valor que dela derive é produto de relação com ela mesma.

Nona lição

Um enérgico *não* contra a efetividade ou do "asceta da vida"

Em pauta está a questão do homem. Essa questão – bem como a pergunta pela própria filosofia – acaba, de algum modo, mais cedo ou mais tarde, impondo-se ao filósofo genuinamente comprometido com o pensar, ainda que seu pensamento parta de temas e de problemas muito específicos. É, portanto, como urgência que esse questionamento desponta. Qual é a razão dessa urgência? A resposta parece ser dada sem dificuldade: É uma pergunta que não se faz sobre qualquer ente, tampouco interrogamos a qualquer ente. Em pauta está a pergunta *sobre nós* mesmos, esta que é feita *para nós* mesmos. Sob um segundo olhar, contudo, ao considerarmos seu histórico, tal questão mostra-se a nós como pertencente ao homem desde o momento em que ele, pela primeira vez, lançou um olhar inteligente sobre si. Isso nos dá a dimensão de tal questionamento filosófico e do quão cara é a tarefa de investigar nossa própria essência com o fito de alçarmos compreensão suficiente do fenômeno que seríamos[194].

Se essas razões filosóficas já tornam compreensível a importância de tal questão, há outras, históricas, que as corroboram. A geração de Max Scheler sentiu na pele a força das circunstâncias da virada do século e do drama da Primeira Guerra Mundial. Tais fatores de ruptura, como recorda Michael Landmann[195], geralmente impelem quem os vivenciou a rever os princípios (morais, religiosos, jurídicos e políticos) de sua própria época; nesse tipo de análise espiritual de determinado tempo, a pergunta pela essência do homem costuma ser reeditada. Para nosso filósofo, o ímpeto de recolocação da questão pela experiência humana desde uma visada filosófica vê-se provocado nem tanto pela transição do século XIX ao XX, mas pelo conflito conflagrado em 1914, cuja consternação teria sido mais significativa ao pensamento, fazendo com que, aos que viveram aqueles dias, houvesse a impressão difusa de que o novo século só começaria mesmo em 1920[196].

---

194. Cf. GROETHUYSEN, B. *Antropologia filosófica*. Lisboa: Presença, 1988 [Trad. Lurdes Jacob e Jorge Ramalho].

195. LANDMANN, M. *Philosophische Anthropologie* – Menschliche Selbstbedeutung in Geschichte und Gegendwart. Berlim: De Gruyter, 1964.

196. Ibid.

Os abalos aos valores humanistas (incluindo aí o ideal de civilidade europeia), nesse período, dão-se a conhecer por meio de uma crise preparada já nos séculos anteriores. Em meio a ela se experimenta a dramaticidade de uma *crise da razão* (efetiva contestação à filosofia do esclarecimento, que depositava no modelo de uma razão autônoma o poder de dirigir o debate filosófico); de uma *crise da cultura alemã* (motivada pelos achaques das invasões napoleônicas aos brios de cultura germânicos, requerendo uma afirmação de identidade, demanda que se reafirma no pós-Primeira Guerra); e a *crise da metafísica* (derrocada dos idealismos metafísicos do século XIX e consecutiva assunção de modelos antimetafísicos, como pretensamente seriam o positivismo e o materialismo), esta última diretamente ligada à disputa acerca da fundamentação das ciências humanas. Tal cena reúne as condições para que a antropologia filosófica viesse à baila ganhando ainda formulação modelar.

Mais do que uma urgência, Landmann é da opinião de que "a 'antropologia filosófica' é hoje moda. Desde os anos 20 de nosso século ela promoveu uma 'virada antropológica': Todas as disciplinas filosóficas anteriores convergiram para a antropologia"[197]. A convergência aqui apontada parece ter ha-

---

197. LANDMANN, M. *Philosophische Anthropologie*. Op. cit., p. 43.

vido mesmo antes, tendo Kant como um ancestral; afinal, com ele temos formulada a pergunta "O que é o homem?" como síntese dos problemas orientadores de seu projeto crítico ("O que posso saber?" "O que devo fazer?" "O que me é permitido esperar?")[198]. Também não é diferente para Scheler, cuja colocação da questão pelo humano decorre de posições firmadas anteriormente. A filosofia de Scheler, assim, conjuga em sua antropologia filosófica elementos do *personalismo* e da ética material dos valores[199], parecendo indicar que, a partir de um determinado momento, seus esforços passaram a confluir para tal antropologia. É isso que motiva Gerhard Arlt a afirmar que "Scheler segue o caminho da pessoa para o humano (*do personalismo axiológico para a antropologia*)"[200]. Arlt não está só nessa interpretação; ele se apoia em Landmann, que nos lembra:

> Com fina sensibilidade para reconhecer os gérmens de seu tempo, escreve Scheler [...]: "Em uma compreensão consciente, todos

---

198. KANT, I. Logik. In: *Werke*. Vol. 5: Schriften zur Metaphysik und Logik. Darmstadt: Wissenschaftliche Buchgesellchaft, 1983, p. 448.

199. Cf. GOOD, P. *Max Scheler* – Eine Einführung. Bonn: Parerga, 1998.

200. ARLT, G. *Antropologia filosófica*. Petrópolis: Vozes, 2008, p. 112 [Trad. Antônio Celiomar Pinto de Lima].

> os problemas centrais da Filosofia podem ser reportados até a questão do que é o homem". E, ao fim de sua vida, escreve: "Se há uma tarefa filosófica cuja solução exige uma urgência única, então esta é a de uma antropologia filosófica. Penso em uma ciência fundamental da essência e uma construção essencial do homem"[201].

Depois do breve surto que a *filosofia da vida* constituiu nos dois primeiros decênios do século XX, a antropologia filosófica volta a afirmar o humano como um vivente, passando a disputar a cena filosófica com as *filosofias da existência* (Jaspers e Heidegger) e oferecendo a elas um bom contraponto. Entretanto, para Scheler, a pergunta pelo humano não se resume a um organismo ou a um ente dotado de razão. O filósofo se interessa pela experiência do absoluto no homem ou, por outros termos, pretendendo o *ser* (= absoluto), o filósofo não o procura em essências abstratas, antes o aborda desde o *espírito humano*, terreno ligado à vida, que admite o laço desse humano com o ser dos entes em geral[202].

---

201. LANDMANN, M. *Philosophische Anthropologie*. Op. cit., p. 43.

202. Cf. HARTUNG, G. *Philosophische Anthropologie*. Stuttgart: Reclam, 2008.

Não há como negar que a antropologia filosófica é uma contribuição autoral de Scheler. É verdade, há pensadores anteriores dos quais podemos colher "imagens do homem", o que nos leva a alinhá-los ao projeto de uma antropologia (são Kierkegaard, Stirner, os articulistas da escola histórica de Berlim e Dilthey, que preenchem o vazio deixado pelo idealismo sistemático); pode-se ainda identificar alguns esforços concomitantes ao de nosso filósofo no sentido da fundação de uma antropologia filosófica – é o caso de Helmuth Plessner, a quem Scheler chegou a considerar um colaborador, mas depois sofreu o dissabor de ter de acusá-lo por plágio, ao verificar que muito de seu repertório de ideias fora indevidamente apropriado em *Os estágios do orgânico e do humano* (1928), obra de que Plessner ter-se-ia apressado em publicar, antecipando-se a ele; e, mesmo após a morte de Scheler, investigações como as de Arnold Gehlen, desenvolvidas a partir do ano de 1940, e retomadas posteriormente à Segunda Grande Guerra, dão prosseguimento (ao lado das de Plessner) a tal projeto, fazendo-o contar com novo fôlego, ainda que em outra tópica. Todavia, é a Scheler a quem devemos o lançamento da pedra fundamental da antropologia filosófica, por seu direcionamento obstinado de pensamento e por seu compromisso pessoal com tal projeto desde 1922, quando os primeiros conteúdos "antropológicos" começaram a aparecer em suas aulas.

Ora, mas como se dirigir a esse terreno espiritual-humano de maneira segura? Desejamos saber: Como Scheler começa a sua antropologia filosófica? Como ele a opera? Scheler procede desenvolvendo o que chamaríamos de uma *descrição da experiência da vida psíquica*, partindo dos estágios mais primitivos até os mais sofisticados. Significa que nosso autor subirá cada degrau efetuando uma fenomenologia do biopsíquico. Com isso chegará a intuir o reino em que estão unidos o vegetal, o animal e o humano.

O *impulso sensitivo* (*Gefühlsdrang*) é o primeiro degrau do psíquico examinado por Scheler e esse impulso ocupa a posição mais inferior na hierarquia da escala anímica, sendo caracteristicamente atribuído às plantas. Nosso filósofo o caracteriza do seguinte modo: "[...] sem consciência, sem sensação e sem representação, neste impulso o 'sentimento' (*Gefühl*) e a 'pulsão' (*Treib*) [...] ainda não estão separados. É um mero 'para lá' (*Hinzu*), por exemplo, para a luz, e um 'para longe' (*Vonweg*); um prazer e um sofrimento sem objeto são seus dois únicos estados"[203].

Plantas não exibem órgãos sensoriais, tampouco possuem um centro nervoso organizado capaz de

203. SCHELER, M. *Die Stellung des Menschen im Kosmos*. Op. cit., p. 12.

receber informações que esses sensores enviariam. Justamente por isso a vida vegetal é simples e voltada à exterioridade. Assim, é o impulso sensitivo atuante espontaneamente quando a roseira do meu jardim passa a se desenvolver inclinando-se mais à esquerda, para melhor aproveitar a luz vital que lhe é privada pela sombra de um cipreste. Scheler não deixa de considerar tal impulso em outros viventes (inclusive sobre o homem); no entanto, a estes, ele apenas se insinua como um indício de vida. Não se demorando no impulso sensitivo extático, nosso filósofo passa à forma instintiva como próximo estágio essencial da vida.

Em sua época já havia, em torno da noção de *instinto* (*Instinkt*), considerações psicológicas que o tornavam obscuro. Por isso, abstendo-se de um diálogo com a psicologia, Scheler define "[...] o instinto exclusivamente a partir do chamado *comportamento* do vivente. O 'comportamento' de um vivente é sempre objeto de uma observação exterior e de uma descrição possível"[204]. Temos aqui uma compreensão bastante despojada do conceito. Instinto, para nosso filósofo, é a determinação da dinâmica do comportamento animal, forma congênita e evolucionariamente transmitida, condizente ao sentido da vida animal no nível da *espécie* (não

---

204. Ibid., p. 18.

ao indivíduo particular) e a determinados estímulos do meio. Instintos influenciam as sensações, a coordenação completa dos sentidos, o comportamento e a memória.

A *memória associativa* (*assoziatives Gedächnis*) é a terceira forma psíquica distinguida por Scheler. Essa forma deriva do comportamento instintivo em face de uma utilidade para a vida, sendo, portanto, dotada de sentido para a mesma vida. A memória associativa (*Mneme*) pode ser acentuada agora como o que Pavlov chamou de "reflexo condicionado". Tal forma se expressa nos fenômenos de comportamentos tentativos e de repetição observados no animal e no humano. Que fenômenos seriam esses? O significado disso fica mais claro com um exemplo: Quando minha gata filhote se coloca de pé em duas patas frente à porta fechada e dá "tapinhas" no molho de chaves preso à fechadura, isso é sinal de que, em sua memória, o tilintar das chaves está associado ao abrir da porta. Geralmente é o sentido da visão que lhe dá a saber que a porta se abriu e que a passagem ao jardim lhe está facultada, mas, nesse caso, o reflexo é condicionado, pois outro sentido (o da audição) é atuante. Assim, mesmo que a gata não veja a porta sendo aberta, ao ouvir o ruído da penca de chaves ela se põe a esperar a liberação de sua passagem àquele espaço extra de "sobrevivência". Mexer nas chaves é um "movimento de prova". Ele tem sentido para o comportamento do animal, que espera contar com o espaço vital que o jardim constitui. Assim, caso o animal obtenha sucesso nessa tentativa, ou seja, caso a porta se abra após seu tentame, o comportamento que promoveu esse resultado (produto de "ensaio e erro") pode ser adquirido pelo animal em uma espécie de autoadestramento. O animal aprende, lembra e recorre a esse comportamento associativo toda vez que deseja sair. Scheler vê nisso *não* uma atitude promovida pela satisfação de uma pulsão positiva qualquer, mas de uma pulsão específica, uma inata à repetição. Ainda que aí atue o instinto, esta "aptidão psíquica e fisiológica" também está matizada por algo de "inteligência". Por isso, o princípio associativo nos distancia da rigidez da ação instintiva, operando algo como uma primeira liberação do vivente individual de seu vínculo estrito com a espécie. Dizendo por outras palavras: "Com a ação efetiva do sistema associativo [...], ocorre simultaneamente um relaxamento do rígido vínculo instintivo da vida e uma primeira liberação de impulsos, sentimentos e afetos"[205].

---

205. WITTERIEDE, H. *Eine Einführung in die Philosophische Anthropologie* – Max Scheler, Helmuth Plessner, Arnold Gehlen. Frankfurt am Main: Peter Lang, 2009, p. 25.

Inteligência prática (*praktische Intelligenz*) é a quarta forma essencial psíquica abordada por nosso filósofo. Ela está implicada à aptidão de escolha e ao comportamento seletivo, por exemplo, na capacidade de preferir este àquele bem ou este àquele membro da espécie para fins reprodutivos. Embora Scheler a considere a mais elevada das formas biopsíquicas, ele ainda a sabe como "organicamente vinculada". O que significaria dizer isso? É dizer que essa inteligência ainda serve à saciedade de determinados instintos. Assim, isso que chamamos de inteligência, nesse nível, também está vinculado organicamente. Segue-se, portanto, que:

> Um vivente comporta-se "inteligentemente" quando, diante de situações *novas*, nem típicas da espécie nem do indivíduo, empreende um comportamento consoante ao sentido – quer ele seja um comportamento "astuto", quer ele seja um comportamento que não atinge em verdade a sua meta, isto é, um comportamento "estulto" ("estulto" só pode ser quem é inteligente); e, em verdade, *repentinamente* e antes de tudo *independentemente do número* de tentativas anteriormente feitas de resolver uma tarefa determinada pulsionalmente[206].

---

206. SCHELER, M. *Die Stellung des Menschen im Kosmos*. Op. cit., p. 32.

Por esta razão, Scheler justifica que "[...] denominamos esta inteligência também como 'prática', pois seu sentido último é sempre um *agir*, através do qual o organismo alcança seu fim pulsional (ou o perde)"[207]. A passagem é indicativa de que a orientação orgânico-prática própria a essa forma psíquica é útil ao comportamento em circunstâncias do mundo ambiente, mas que, ao atingir esse estágio, chega-se à inteligência simples e direta do animal, mas ainda não se alça o nível cosmológico (= do espírito). Desse modo, será mesmo possível falar de inteligência animal, mas apenas ao homem poderíamos nos referir como ser espiritual.

O leitor que acompanha nossas lições desde o início na certa deve estar estranhando que, em lugar das reflexões éticas que apareciam antes, surja agora uma profusão de especulações biológicas, destoando muito do visto até então. Esse movimento cria estranheza, pois, mesmo tendo anunciado que o pensamento de Scheler se entabula como "antropologia" a partir de determinado momento, nossas exposições só nos permitem atestar um interesse pelas investigações biológicas da época, admitindo também a avaliação de que o autor delas está inteirado. O propósito deste itinerário é, contudo, o de mostrar que, entre *memória associativa* e *in-*

---

207. Ibid.

teligência prática, o animal e o homem se irmanam, ainda que as diferenças entre eles sejam mais significativas do que os seus pontos de semelhança comportamental. Destarte, é para ter um parâmetro de comparação com o homem que nosso filósofo se aproxima estrategicamente da biologia. Tal comparação favoreceria a tematização do humano no seio do projeto da antropologia filosófica.

Um estudo comparativo do animal com o homem, desde a perspectiva da biologia, põe a claro o quanto o organismo animal é mais preparado do que o humano para a vida em seu meio ambiente. Isso se revela mesmo em uma observação empírica: há animais que já nascem munidos de suas presas, garras e de pelagem protetora; outros, poucas horas após seu nascimento, já se põem de pé e até são capazes de seguir a mãe. Com isso, salta aos olhos o quanto o homem é menos adaptado a certas condições ambientais por seu aparato orgânico (a compleição de seus membros, sua forma de alimentação, seus recursos naturais de defesa...).

Não bastasse isso, por ser guiado por instintos, o comportamento animal é liso, é direto, seguro, ainda que sempre se organize num meio específico, delimitado, fechado e intransponível. O animal age sem hesitação, obedecendo literalmente a seus instintos, vinculado a seu ambiente, em rígida conformidade com os sentidos que asseguram sua sobrevivência. *Nisso reside sua riqueza.* Para Scheler, por não poder contar incondicionalmente com os expedientes instintivos, o vivente humano precisará superar sua inadaptabilidade física e a parcialidade de sua imersão numa lógica de instintos dando um passo decisivo que inaugura um novo capítulo do grande livro da vida. Um passo à "*meta*física" é o que permite o ultrapassamento da incapacidade de fazer do meio um espaço viável para sua vida. Com esse passo, o que se abre ao humano é um mundo (*Welt*), este – diversamente do meio ambiente (*Umwelt*) – é horizonte de sentido que ultrapassa as limitações do mero espaço vital imediato. Por estar aberto a um mundo, o homem é livre do comportamento determinado por instintos e da ligação rígida com a efetividade do meio.

Aquela célebre passagem de *A posição do homem no cosmos*, usada anteriormente por nós[208], pode ser agora revisitada a propósito do presente contexto: "Ser homem significa: lançar um enérgico '*não*' contra esse tipo de efetividade"[209]. Enquanto todo comportamento animal é conformado de tal modo a inevitavelmente dizer "sim" à efetividade da natureza, o homem é o único que, por

---

208. Cf. a "Quinta lição".

209. SCHELER, M. *Die Stellung des Menschen im Kosmos*. Op. cit., p. 42.

seu modo de ser espiritual, pode recusar-se a deixar-se absorver pela realidade mais imediata, negando impulsos e pulsões que o atrelariam ao fato de sua animalidade ou "[...] a essência do homem é tal que sabe escapar do ímpeto de vida"[210]. É por essa possibilidade de dizer "não" que Scheler chamará o homem de "asceta da vida"[211]. Grifando ainda a comparação entre o animal e o humano, e indicando como funciona o referido ascetismo, temos, no trecho abaixo, algumas das linhas mais entusiásticas da prosa filosófica do autor:

> [...] o humano é o eterno "Fausto" – em relação ao animal, cuja existência é a corporificação do filisteísmo –, a *bestia cupidissima rerum novarum*, que nunca se aquieta com a realidade que o cerca, sempre ávido por romper barreiras de seu ser aqui-e-agora de tal modo, sempre aspirando a *transcender* a realidade efetiva que o envolve – nesta também a sua própria autorrealidade. É nesse sentido que Sigmund Freud também vê no homem o "repressor de pulsões". E somente por ser um repressor – através deste "não" que não é ocasional, mas *constitutivo* à pul-

---

210. FELLMANN, F. *Lebensphilosophie* – Elemente einer Theorie der Selbsterfahrung. Hamburgo: Rowohlt, 1993, p. 183.

211. SCHELER, M. *Die Stellung des Menschen im Kosmos*. Op. cit., p. 54.

> são. [...] Isto é: o homem pode "*sublimar*" sua energia pulsional para uma atividade espiritual[212].

Ao reprimir suas pulsões, ao sublimar a energia vital que força seu organismo a tender para determinado "alvo", o homem se liberta do círculo pulsional que corrobora sua inscrição num meio ambiente que, em última instância, ainda faria dele apenas mais um vivente entre outros: "Assim, é o humano como ser espiritual que se coloca acima de si mesmo como vivente e superior a tudo"[213]. É por estar aberto ao mundo e por possuir um núcleo de pessoa espiritual que o homem se mostra em plano diverso dos demais viventes. *Abertura de mundo* e *espírito* são, portanto, determinantes do lugar paradigmático do humano, tal questionado por Scheler. E não é só isso. A atividade do espírito (que traz como característica o ato de transcender a vida natural) também é responsável pela elevação dos entes que comparecem na abertura de mundo à condição de *objetos*. Isso é indicativo de que, para Scheler, apenas ao homem algo pode se dar objetivamente; somente à pessoa espiritual as coisas se mostram em sua objetividade; exclusivamente ao humano é dado o conhecimento objetivo. Ao espí-

---

212. Ibid., p. 54.

213. Ibid., p. 47.

rito estaria ligada a objetividade, a determinidade e a possibilidade de definição essencial das coisas. Então cabe questionar: Não seria lícito depreendermos daí que apenas ao homem seria possível pensar filosoficamente, se entendermos por filosofia uma compreensão rigorosa e evidente dos fenômenos e de seus conteúdos essenciais?[214]

A antropologia filosófica presidida por Max Scheler, por mais que ineludivelmente crie um novo nicho de pensamento na filosofia contemporânea, não está livre de críticas. Já em sua primeira recepção, um ano após a edição de *A posição do homem no cosmos*, Martin Heidegger, em seu *Kant e o problema da metafísica* (obra de 1929, que traz uma dedicatória ao colega recém-morto), tece considerações sobre a antropologia scheleriana. Entre suas críticas está aquela que diz que uma antropologia filosófica ainda incorre fatalmente num "antropologismo", e que ela ainda não estaria suficientemente determinada, permanecendo obscura e indecisa quanto a seu papel filosófico[215]. Especialmente quanto a esta última, é preciso fazer justiça a Scheler, lembrando que, em seu livro de 1928, não

214. Cf. SCHELER, M. *Do eterno no homem*. Petrópolis: Vozes, 2015 [Trad. Marco Antônio Casanova].

215. HEIDEGGER, M. Kant und das Problem der Metaphysik. In: *Gesamtausgabe*. Vol. 3. Frankfurt am Main: Vittorio Klostermann, 1991, p. 212.

veio a lume nada além do que o protótipo que já havia sido publicado sob o título *A posição privilegiada do ser humano*, em Darmstadt, no periódico *O Candelabro* (*Der Leuchter*), n. 8, de abril de 1927. Além disso, quando também em 1929 foram editados os *Escritos do espólio*, constatou-se que a promessa daquela que seria a principal obra de Scheler sequer havia começado a ser escrita. Assim, portanto, a crítica de Heidegger se debruça sobre o pouco que se dispõe da antropologia filosófica scheleriana. Não é por isso, entretanto, que deveríamos ignorar os questionamentos que Heidegger, a seguir, faz a partir da leitura do trabalho do colega:

> Mas se a antropologia reúne em si todos os problemas centrais da filosofia, por que deixar que estes conduzam de volta à questão sobre o homem? Eles se deixam reconduzir apenas quando se tem a noção de empreender o mesmo ou eles têm que ser reconduzidos a essa pergunta? E se eles assim o tiverem, onde está, portanto, o fundamento desta necessidade? Poderia ser que os problemas centrais da filosofia provenham do homem, não só por serem postos por ele, mas, por seu conteúdo intrínseco comportar uma relação com o homem? Mas em que medida todos os problemas centrais da Filosofia têm na essência do homem seu lugar? Quais são, portanto, esses problemas centrais e onde fica seu centro? O que é filosofar, se em

> sua problemática tal essência do homem tem lugar central?[216]

Essas questões não são apenas objeções de um filósofo ao outro. Apropriamo-las como convites para nós mesmos pensarmos uma antropologia filosófica a partir de Scheler e com Heidegger.

---

216. Ibid.

Décima lição

Um Deus fraco?

"Quem o mais fundo pensou é que ama o mais vivo"[217].

Evidenciar a estrutura fundamental do humano é tarefa da antropologia filosófica de Max Scheler. Após movimentos de tematização, tal investigação chega ao resultado de que o humano já não é uma *parte* do mundo, ele é abertura para o mundo e seu ser de pessoa espiritual não está mais atrelado a um mundo natural, podendo assim dizer "não" aos impulsos que o atém[218]. Para nosso filósofo, todavia, a atividade espiritual humana não cessa por aí. Segundo ele:

> No mesmo instante em que aquele "não, não" à efetividade concreta ao meio ambiente entrou em vigor, no qual o ser espiritual atual e seus objetos ideais foram

---

217. HÖLDERLIN, J.C.F. apud SCHELER, M. *Die Stellung des Menschen im Kosmos*. Op. cit., p. 87.

218. LANDGREBE, L. Philosophische Anthropologie – Eine empirische Wissenschaft? In: BIEMEL, W. (ed.). *Die Welt des Menschen: Die Welt der Philosophie* – Festschrift für Jan Patočka. Haia: Martinus Nijhoff, 1976, p. 1-20.

constituídos; exatamente no mesmo instante em que surgiu o comportamento aberto ao mundo e a sanha incansável por penetrar sem limites a esfera descoberta do mundo e de não sossegar em qualquer condição; exatamente no mesmo instante em que o homem por vir rompeu com os métodos da vida animal que o precediam para tornar-se adaptado ao meio ambiente ou para ajustar-se a ele, passando justamente à direção *oposta*: a adaptação do mundo descoberto a si e a sua vida que se tornou organicamente estável; exatamente no mesmo instante em que o "homem" *extraiu-se* da "natureza" e a fez objeto de seu assenhoramento e de seus ofícios – e do princípio de seus signos – *justamente no mesmo instante* o homem também precisou ancorar seu centro, *de alguma forma*, fora e para além do mundo[219].

Ao fazer tal diagnóstico, Scheler parece estar convencido de que seu trabalho ainda não está completo. Caberia ainda a tarefa de determinar a posição do homem no cosmos, de dirigir um olhar para a *relação metafísica do homem com o fundamento da totalidade dos entes*. Levar isso a cabo demandaria considerar a tríade estrutural: "consciência de mundo", "consciência de si próprio" e "consciência de

---

219. SCHELER, M. *Die Stellung des Menschen im Kosmos*. Op. cit., p. 89.

Deus". Com essa tríade, especialmente no tocante a seu último item, vislumbra-se a dimensão do absoluto que Scheler indica como constituinte do modo de ser do humano. A esfera ontológica do absoluto estaria relacionada de perto não apenas com a *gênese do próprio homem*, quanto também com a "origem da religião" e a "origem da metafísica".

Para nosso filósofo, a *metafísica* se origina do *admirar-se*, comportamento humano que, confrontando espírito e absoluto, evidencia os modos como este pode ser apreendido e os modos como se articula ao próprio humano. O pensador ainda indica que esse pensar, que nos lastreia além do mundo, é também um "incontrolável *impulso por buscar abrigo*". Nesse contexto: O que significa buscar abrigo? É, diante da contingência do mundo, a busca por asseguramento, referindo-se a uma determinação unitária da essência, algo que se expressa como a vontade de ter por trás de si um terreno subsistente com o qual se possa contar com constância e apoio frente às fraquezas de homem, a pobreza de suas capacidades, o risco da recaída na condição de objeto da natureza e, sobretudo, do iminente nada existencial. (Não há como não pensar aqui naquele fragmento de Novalis que diz ser a filosofia: "[...] Impulso para estar por toda parte em casa"[220].)

---

220. NOVALIS. Die Enzyclopädie. In: WASMUTH, E. (ed.). *Novalis Werke*. Fragmente I. Heidelberg: Lambert Schneider, 1957, p. 42.

É considerando esse mesmo contexto, e conjugando muitos de seus elementos, que Scheler abordará outra forma, ainda mais antiga, de pensamento humano: a *religião*. Embora o tema já tenha sido abordado anteriormente em *Do eterno no homem* (1921) e em *A posição do homem no cosmos* (1928), nosso filósofo indicará a origem das religiões do absoluto como estreitamente ligada à tentativa de superar a vertigem do nada (Scheler chega a falar em "niilismo")[221] por meio do absoluto, ajudando o humano a firmar-se em seu mundo com conhecimentos orientados à verdade.

Na tentativa de considerar as religiões do conhecimento e, nestas, o modo como o homem se move em meio a ideias que tornam pensáveis sua ligação com um fundamento superior, Scheler enfocará o modelo monoteísta consolidado no Ocidente e na Ásia Menor. Para nosso filósofo, tal modelo nos permite compreender como o homem vê, pensa, sente e toma consciência do Deus que a ele se revela. O exame dessas religiões, no entanto, permite entrever a submissão que povos antigos (como judeus) sofriam e do quanto o jugo de todo um povo agora se transfere de um dominador no mundo para um Senhor supremo (apenas assim te-

---

221. Ibid., p. 109.

riam sentido expressões como "servo de Deus" ou "povo de Deus")[222].

Preocupado em encontrar um meio seguro para tratar a participação do homem no fundamento divino do mundo, Scheler prescreve: "[...] para nossa consideração filosófica da relação do homem com o ser supremo, precisamos rejeitar ideias como estas [...]. Para nós, *a relação radical do homem com o fundamento do mundo* está no fato de o fundamento *ser compreendido e realizado* no homem – que, como tal, tanto como ser espiritual quanto como vivente, é sempre um centro parcial do espírito e do ímpeto do 'ente que existe por si' – Eu digo: ele *se toma* e se *efetiva* imediatamente no homem mesmo"[223].

Temos aqui Scheler opondo-se francamente ao *teísmo* que, enquanto doutrina concrescida entre os séculos XVIII e XIX, sustentava que Deus possuiria determinações essenciais como espiritualidade, absolutidade e sacralidade, e que, por meio da revelação e da providência, governaria o mundo. Ao rejeitar a tese teísta, Scheler pretende evitar a ideia

---

222. O mesmo ocorreria com o imaginário da infância observado nas mesmas religiões. Esse imaginário traz consigo a imagem do humano dependente de Deus, o que implica dizer que toda relação do homem com Deus seria de minoridade e, nessa relação, um "filho" obediente se entrega à tutela "paterna" que é, neste caso, a autoridade "divina".

223. Ibid., p. 91.

de um Deus natural com atributos positivos cuja espiritualidade onipotente lhe conferiria o *status* formal de "causa primeira"; isso em nome de uma apreensão adequada da experiência de Deus por meio do ato religioso (esse que seria o mais primitivo de todos, na ordem do *psicogenético* e na ordem *original-essencial* dos atos do espírito humano)[224]. Considerando que isso seja possível, cabe perguntar: Mas proceder desse modo não seria, como se diz coloquialmente, "jogar fora o bebê com a água do banho"? Afinal, até que ponto esse esforço vigoroso não resultaria na recusa do próprio Deus, fazendo com que Scheler, ao se opor ao teísmo, incorresse justamente na tese contrária, no "ateísmo"?

É preciso ter clareza, antes de tudo, quanto a duas coisas: 1) Scheler não é ateu. Está longe de sê-lo. Indícios disto estão por toda parte, inclusive em seus últimos escritos[225]. 2) A rejeição ao teísmo é a

---

224. Cf. DUPUY, M. *La philosophie de la religion chez Max Scheler*. Paris: PUF, 1959, p. 126.

225. Scheler denota interesse pela temática de Deus e da religião já em sua obra *Do eterno no homem* (1921), na qual dedica capítulos substanciais ao tema do "divino" e de suas determinações fundamentais. Na mesma obra, ainda que ela sublinhe incontestável oposição à outra anteriormente mencionada, observamos Scheler afirmando repetidamente que o *Ente absoluto é sagrado*. Com os contextos dessa obra diante dos olhos, Karol Wojtyla faz referência por diversas vezes a Scheler como teólogo. Cf. WOJTYLA, K. *Max Scheler e a ética cristã*. Curitiba: Champagnat, 1993 [Trad. Diva Toledo Pisa].

não aceitação da figura de um Deus natural e não nega as posições, por exemplo, da teologia transcendental – assim, tal recusa, antes de nos colocar diante do extremo oposto do teísmo, ou seja, do ateísmo, apresenta-nos a posição "deísta" (esta que propugna que só podemos experimentar Deus por meio de uma concepção transcendental, ou seja, pela simples razão). Por um primeiro exame, julgamos poder afirmar que Scheler está mais alinhado a esta última do que a outra posição qualquer. A avaliação se apoia no próprio autor quando ele afirma a necessidade de "[...] remodelar este pensamento [teísta] defendido até aqui de maneira por demais unilateral e intelectualista [...]"[226] e "[...] trabalhar em prol da exigência ideal da *Deitas* (= deidade) [...]"[227].

Ao sustentar acima que Deus se realiza no homem, Scheler o traz para o horizonte do humano. Para o filósofo, seria o si próprio e o coração do homem os lugares próprios a uma gênese acessível de Deus. Só agora se torna compreensível algo que foi dito em nossa "Primeira lição" e que até aqui nos intrigava. Referimo-nos àquela citação de Heidegger que, a respeito de Scheler, dizia que este havia sido perspicaz ao propor a ideia de um

---

226. SCHELER, M. *Die Stellung des Menschen im Kosmos*. Op. cit., p. 91.

227. Ibid.

"Deus fraco"[228]. Temos que "fraco" (*schwachen*) aqui significa dependente de nós. Trata-se de um Deus que não simplesmente temos ou descobrimos, mas um *Deus em devir*. Nesse caso, um que tem no homem seu lugar de realização, que conta com este como um "coefetivador" de si, cooperação entre o homem e o *logos* eterno, a partir do centro e da origem das coisas mesmas[229]. De acordo com a diferenciação fenomenológica entre a idealidade pura e a realidade mista, há um princípio divino ideal, chamado *Ens a se*, e uma realidade divina que está apenas começando a ser formada através do mundo (e de sua história).

Pergunta-se então: Por que isso se daria desse modo? Qual é a necessidade de o autor colocar o homem e Deus em posições tão específicas? Até 1921, Scheler sustentava que o *espírito* era o único atributo do Ser Supremo[230]; já em 1928, Scheler considera aí um segundo atributo: o *impulso*. Com este, o "[...] tornar-se Deus se dá a partir do fundamento originário e se mostra como crescente permeação entre espírito e impulso (*Geist und*

---

228. Cf. HEIDEGGER, M. *In memoriam* Max Scheler. Op. cit.

229. Cf. SCHELER, M. *Die Stellung des Menschen im Kosmos*. Op. cit., p. 47.

230. Cf. SCHELER, M. Problemas da religião. In: *Do eterno no homem*. Op. cit.

Drang)"[231]. Perceba-se que a introdução desse novo elemento é uma exigência, pois, desde sua nova maneira de pensar, Scheler entende que o espírito é *impotente*, isto é, incapaz de engendrar realidade[232]. Com isso, "[...] o Deus que vem a ser necessita, para seu desenvolvimento, da pessoa espiritual do ser humano (assim como o humano necessita da potência espiritual de Deus)"[233]. Isso porque, não sendo possível pura e simplesmente ao espírito a criação de nada real, o impulso vital humano seria seu agente realizador. O homem, assim, passaria a ser coefetivador de Deus (*Miterwirker Gottes*), já que "ímpeto e espírito são funções deificantes do homem e da história"[234], sendo, portanto, por meios humanos que Deus se efetivaria.

Mesmo assim, é de se questionar se esse entendimento de fato fundamentaria essa ideia de "Deus fraco"!? De onde partiria Scheler (que, alguns anos antes, sustentava justamente o contrário) para a fir-

---

231. SCHELER, M. *Die Stellung des Menschen im Kosmos*. Op. cit., p. 91.

232. Cf. FRINGS, S.M. Gott und das Nichts. Zum Gedenken des fünfzigsten Todestages Max Scheler. In: ORTH, E.W. (ed.). *Husserl, Scheler, Heidegger in der Sicht neuer Quellen.* Friburgo/Munique: Karl Alber, 1978, p. 118-140.

233. ARLT, G. *Antropologia filosófica*. Op. cit., p. 120.

234. FRINGS, S.M. Gott und das Nichts. Zum Gedenken des fünfzigsten Todestages Max Scheler. Op. cit., p. 135.

mação de algo assim? Surpreendentemente, da filosofia de Kant. Scheler, que contestara quase todos os preceitos do kantismo em sua ampla curva até os anos de 1922, agora acolhe aquela premissa da *Crítica da razão pura* (na "Dialética transcendental") segundo a qual seria um empreendimento *impossível* avançar do cosmos (= mundo objetivo) para o Ser Absoluto[235]. Desse modo, ou Deus é algo que se experimenta no campo do humano, fazendo com que ambos sejam grandezas referenciais correlativas numa díade complementar, ou uma experiência de absoluto estaria vedada ao homem. Deste modo,"[...] nós só podemos auferir uma completação (*Mitvollzug*) [no fundamento absoluto do mundo] por meio de uma *coefetivação*: em uma ordem essencial, se se tratar do espírito cognoscente; em uma ordem valorativa objetiva, se se tratar do espírito que ama; em uma ordem final do processo do mundo, se se tratar do espírito como um ente que quer"[236].

Depreendemos daqui que a empresa de uma antropologia filosófica não é apenas mais uma ideia luminosa plasmada pelo ímpeto febril de pensamen-

---

235. SCHELER, M. Visão filosófica de mundo. In: *Visão filosófica de mundo*. Op. cit., p. 15.

236. SCHELER, M. *Die Stellung des Menschen im Kosmos*. Op. cit., p. 47.

to de seu engenhoso autor ávido de originalidade. O trajeto que nos traz do personalismo axiológico à antropologia é criterioso, faz-se em consequência das intuições de escritos anteriores e se apresenta agora com imperiosa necessidade. Afinal, sem uma imagem que nos favoreça uma compreensão da constituição essencial do humano, não se chegaria à ideia do modo como ele está ligado em gênese afim ao fundamento supremo da totalidade dos entes.

Enquanto *metafísica*, a antropologia filosófica de Scheler abre caminho para o absoluto enquanto *pensamento de Deus*. Scheler (sendo fiel aqui à sua formação de fenomenólogo) julga poder esvaziar as pretensas certezas da teologia, fazendo com que seu pensamento nos coloque mais em face de Deus do que da ideia formal de "divindade". Como isso seria possível? É o próprio Scheler quem responde: "É somente na disposição da pessoa mesma que se abre *à* possibilidade de também 'saber' do ser do ente que existe por si"[237].

---

237. Ibid., p. 93.

Conclusão

Com as *10 lições* precedentes, entregamos um painel da filosofia de Max Scheler. Tal imagem privilegiou dois momentos cruciais: sua filosofia dos valores e sua antropologia filosófica. Não deixamos de pontuar, contudo, conceitos e temas no entremeio dessas duas estações, com o que pretendemos ter traçado satisfatoriamente uma introdução ao pensamento de Scheler.

A fenomenologia, componente operatório em parte expressiva da obra do filósofo, recebeu, aqui, considerável atenção, não apenas devido a nosso interesse e enfoque próprios, mas também porque (ao menos em nosso país), antes de tudo, Scheler é lido como fenomenólogo.

Os elementos legitimadores desta interpretação se dispuseram a nós por meio de nossas próprias exposições e de seus desdobramentos temáticos. Destes, afinal, derivamos um perfil do filósofo, determinamos o vínculo entre o pensador e o movimento fenomenológico e indicamos que a filosofia scheleriana dos valores e sua "gramática dos sentimentos" é fenomenológica por excelência.

Não somente isso. Certamente nossa exposição resultou em algo mais. Logramos uma prova de como a axiologia de Scheler é também uma *ontologia dos valores*; conhecemos o conceito de "pessoa", tal como tratado por nosso filósofo, e seu lugar paradigmático no assim chamado *personalismo ético*; vimos como a doutrina personalista, empenhada na fundamentação de uma ética e no projeto de uma reabilitação do valor da virtude na moral, torna pensáveis fenômenos como a "simpatia" e o "ressentimento". Por fim, pudemos conferir em que termos é proposto o projeto de uma *antropologia filosófica* e de como esta é indicativa do humano como o ente que se libera das clausuras de sua condição de vivente ao negar seus impulsos vitais. A mesma antropologia metafísica, assim depreendemos, revela o modo como o humano participa da determinação divina do real. Julgamos, com isso, ter obtido êxito em mostrar a amplitude, a fertilidade e a atualidade do pensamento scheleriano.

Não receamos admitir, entretanto, o quanto ficou por ser dito: o componente metafísico desta filosofia é tema que demandaria alguns capítulos mais; um olhar focal sobre o projeto de reabilitação da virtude seria bem-vindo e, por fim, a ausência de investigação sobre o sentimento do amor se faz sentir. Na impossibilidade de tratar desses temas no espaço do pequeno livro que ora se oferece, assumimos o compromisso futuro de abordá-los.

Cabe registrar, ao fim, o desiderato de que este trabalho sirva como indicação de que *o pensamento de Max Scheler não é página virada na história da filosofia*. Esperamos, também, que o presente trabalho seja elucidador das questões que a partir desse pensamento se abrem, convencendo os leitores de seu valor e motivando-os a se apropriarem desta filosofia: ela espera por quem mais possa juntar-se aos esforços preexistentes para, com vigor e determinação, levá-la adiante.

Referências

ARLT, G. *Antropologia filosófica*. Petrópolis: Vozes, 2008 [Trad. Antônio Celiomar Pinto de Lima].

AZEVEDO, J.L. *Max Scheler* – Exposición sistemática y evolutiva de su filosofía. Buenos Aires: Nova, 1966.

CUSINATO, G. Espressività, empatia, intersoggettività: Alcune riflessioni a partire dal *Sympatiebuch* di Max Scheler. In: *Phenomenology Lab*, 2010, p. 1-13.

DERISI, O.N. *Max Scheler* – Ética material de los valores. Madri: Emesa, 1979.

DUPUY, M. *La philosophie de la religion chez Max Scheler*. Paris: PUF, 1959a.

______. *La philosophie de Max Scheler* – Son évolution et son unité. Vol. 1. Paris: PUF, 1959b.

FERRAN, Í.V. Schelers anthropologisches Denken und frühe Rezeption in Spanien. In: *Phänomenologische Forschungen*. Hamburgo: Felix Meiner, 2009, p. 176-201.

FRINGS, M.S. *The mind of Max Scheler*. Milwaukee/Wisconsin: Marquette University Press, 2001.

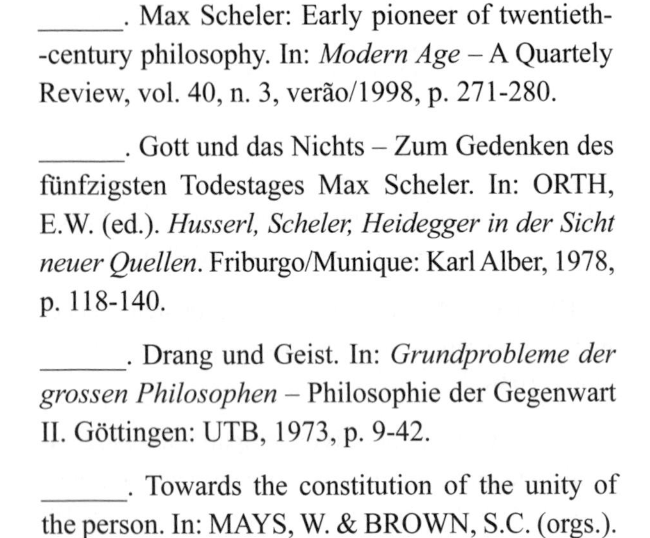

______. Max Scheler: Early pioneer of twentieth--century philosophy. In: *Modern Age* – A Quartely Review, vol. 40, n. 3, verão/1998, p. 271-280.

______. Gott und das Nichts – Zum Gedenken des fünfzigsten Todestages Max Scheler. In: ORTH, E.W. (ed.). *Husserl, Scheler, Heidegger in der Sicht neuer Quellen*. Friburgo/Munique: Karl Alber, 1978, p. 118-140.

______. Drang und Geist. In: *Grundprobleme der grossen Philosophen* – Philosophie der Gegenwart II. Göttingen: UTB, 1973, p. 9-42.

______. Towards the constitution of the unity of the person. In: MAYS, W. & BROWN, S.C. (orgs.). *Linguistic analysis and phenomenology*. Nova York: Macmillan, 1972, p. 68-80.

GADAMER, H.-G. *Hermenêutica em retrospectiva.* Petrópolis: Vozes, 2012 [Trad. Marco Antônio Casanova].

GOETHE, J.W. *Goethe's Faust*. Nova York: Anchor Books, 1990 [Edição bilíngue alemão-inglês] [Trad. Walter Kaufmann].

GOOD, P. *Max Scheler* – Eine Einführung. Bonn: Parerga, 1998.

GROETHUYSEN, B. *Antropologia filosófica*. Lisboa: Presença, 1988 [Trad. Lurdes Jacob e Jorge Ramalho].

HAARDT, A. *Seminar WS*: Scheler – “Wesen und Formen der Sympathie”. Bohum: Ruhr-Universität Bochum, 2013-2014.

HACKETT, J.E. Reviving Scheler’s phenomenological account of the person for the 21st century. In: *Forum Philosophicum*, vol. 1, n. 19, 2014, p. 27-41.

______. Scheler, Heidegger, and the Hermeneutics of Value. In: *Journal of Applied Hermeneutics*, n. 15, 2013.

HARTUNG, G. *Philosophische Anthropologie*. Stuttgart: Reclam, 2008.

HEIDEGGER, M. Kant und das Problem der Metaphysik. In: *Gesamtausgabe*. Vol. 3. Frankfurt am Main: Vittorio Klostermann, 1991.

______. *In memoriam* Max Scheler. In: *Metaphysische Anfangsgründe der Logik im Ausgang von Leibniz*. Frankfurt am Main: Vittorio Klostermann, 1978 [Gesamtausgabe, vol. 26].

HENCKMANN, W. Über die Entwicklung von Schelers philosophischen Auschauungen. In: BECKER, R.; FISCHER, J. & SCHLOSSBERGER, M. *Philosophische Anthropologie im Aufbruch* – Max Scheler und Helmuth Plessner im Vergleich. Berlim: Akademie Verlag, 2011, p. 19-50.

______ *Max Scheler*. Munique: Beck, 1998.

______. Max Scheler – Fenomenologia dos valores. In: FLEISCHER, M. (org.). *Filósofos do século XX* – Uma introdução. São Leopoldo: Unisinos, 1995, p. 125-153.

HILDEBRAND, D. Moralia. In: HILDEBRAND, D. (ed.). *Gesammelte Werke*. Vol. 9: Nachgelassenes Werk. Stuttgart: Kohlhammer, 1980.

HÖFFE, O. *Immanuel Kant*. São Paulo: Martins Fontes, 2005 [Trad. Valério Rohden e Christian Viktor Hamm].

HUSSERL, E. *Investigações lógicas* – Investigações para a fenomenologia e teoria do conhecimento. Rio de Janeiro: Forense Universitária, 2014a [Trad. Pedro Alves e Carlos Aurélio Morujão].

______. *Investigações lógicas* – Prolegômenos à lógica pura. Rio de Janeiro: Forense Universitária, 2014b, p. XIV [Trad. Diogo Ferrer].

INGARDEN, R. *Lo que no sabemos de los valores*. Madri: Encuentro, 2002 [Trad. Miguel García-Baró].

KAHLMEYER-MERTENS, R.S. Da genealogia da moral em F.W. Nietzsche. In: *Filosofia primeira* – Estudos sobre Heidegger e outros autores. Rio de Janeiro: Papel Virtual, 2005, p. 103-130.

KANT, I. Kritik der praktischen Vernunft. In: TEIL, E. *Werke*. Vol. 6: Schriften zur Ethik und

Religionsphilosophie. Darmstadt: Wissenschaftliche Buchgesellchaft, 1983a.

______. Logik. In: TEIL, E. *Werke*. Vol. 5: Schriften zur Metaphysik und Logik. Darmstadt: Wissenschaftliche Buchgesellchaft, 1983b.

KANTHACK, K. *Max Scheler* – Zur Krisis der Ehrfucht. Berlim/Hannover: Minerva, 1948.

KELLY, E. *Material Ethics of Value* – Max Scheler and Nicolai Hartmann. Nova York: Springer, 2011, p. 19.

______. Material Value-Ethics: Max Scheler and Nicolai Hartmann. In: *Philosophy Compass*, vol. 1, n. 3, 2008, p. 1-16.

KONCZEWSKI, C. *La sympathie comme fonction de progrès et de connaissance*. Paris: PUF, 1951.

LANDGREBE, L. Philosophische Anthropologie – Eine empirische Wissenschaft? In: BIEMEL, W. (ed.). *Die Welt des Menschen – Die Welt der Philosophie*: Festschrift für Jan Patočka. Haia: Martinus Nijhoff, 1976, p. 1-20.

______. *El camino de la fenomenología* – El problema de una experiencia originaria. Buenos Aires: Sudamericana, 1968 [Trad. Mario A. Presas].

LANDMANN, M. *Philosophische Anthropologie* – Menschliche Selbstbedeutung in Geschichte und Gegendwart. Berlim: De Gruyter, 1964.

LEITE, F.T. A filosofia do direito e o formalismo na ética. In: DIAS, J. et al. (orgs.). *Ressonâncias filosóficas*. Vol. III. Toledo: Vivens, 2018.

LÜTZELER, H. Max Scheler (1874-1928), Ein Genie. In: *Persönlichkeiten*. Friburgo em Brisgóvia: Herderbücherei, 1978, p. 82-128.

______. *Der Philosoph Max Scheler*. Bonn: Bouvier, 1947.

MADER, W. Scheler. In: *Selbstzeugnissen und Bilddokumenten dargestellt von Wilhelm Mader*. Hamburgo: Rowohlt, 1980, p. 98-99.

MÉTRAUX, A. *Scheler ou la phénoménologie des valeus*. Paris: Seghers, 1973 [Col. Philosophes de Tous les Temps].

MOHANTY, J.N. The development of Husserl's thought. In: SMITH, B. & SMITH, D.W. (orgs.). *The Cambridge companion to Husserl*. Cambridge: Cambridge University Press, 1995.

NIETZSCHE, F.W. Zur Genealogie der Moral. In: COLI, G. & MONTINARI, M. (eds.). *Nietzsche Werke*. Vol: VI: Kritische Gesamtausgabe. Berlim/ Nova York: De Gruyter, 1968.

NOVALIS. Die Enzyclopädie. In: WASMUTH, E. (ed.). *Novalis Werke*. Fragmente I. Heidelberg: Lambert Schneider, 1957.

PATOČKA, J. *Qu'est-ce que la phénoménologie?* Grenoble: Jérôme Millon, 1988 [Trad. Erika Abrams].

PATON, H.J. *The categorical imperative* – A study in Kant's moral philosophy. Chicago, Illinois: The University Chicago Press, 1948.

PAULSEN, F. *Immanuel Kant* – His life and doctrine. Nova York: Frederich Ungar, 1972 [Trad. J.E. Creighton e A. Lefreve].

PINTOR-RAMOS, A. *El humanismo de Max Scheler*. Madri: BAC, 1978.

______. Max Scheler en el pensamiento hispánico. In: *Revista de Occidente*, n. 137, 1974, p. 40-61.

QUAINI, J.B. *La significación del espíritu em Max Scheler* – Ensayo de exposición y de crítica fundamental. Santa Maria: Pallotti, 1974.

RICŒUER, P. Husserl (1859-1938). In: BRÉHIER, E. (org.). *Histoire de la philosophie allemande*. Paris: Vrin, 1954.

RINTELEN, F.-J. *The philosophy of Max Scheler*. [s/l.]: [s/ed.], [s/d.], p. 33-45.

ROBLEDO, A.G. Le coæur. In: *Estudios pascalianos*. México: El Colegio Nacional/Fondo de Cultura Económica, 1992, p. 32-66.

ROTHACKER, E. *Heitere Erinnerungen*. Frankfurt am Main/Bonn: Athenäum, 1963.

SÁNCHES-MIGALLÓN, S. Resentimiento, arrepentimiento y renacimiento espiritual en Max Scheler. In: *Facies Domini*, n. 4, 2012, p. 185-200.

______. La ambivalente posición de Max Scheler ante la ética de Franz Brentano. In: *Tópicos*, n. 39, 2010, p. 45-75.

______. *La persona humana y su formación em Max Scheler*. Pamplona: Universidad de Navarra, 2006.

SANDER, A. *Max Scheler zur Einführung*. Hamburgo: Junius, 2001.

______. *Mensch-Subjekt-Person* – Die Dezentrierung des Subjekts in der Philosophie Max Schelers. Bonn: Bouvier, 1996.

SCHELER, M. *Do eterno no homem*. Petrópolis: Vozes, 2015 [Trad. Marco Antônio Casanova].

______. *Da reviravolta dos valores*. Petrópolis: Vozes, 2012 [Trad. Marco Antônio Casanova].

______. Die Stellung des Menschen im Kosmos. In: FRINGS, M.S. (ed.). *Gesammelte Werke*. Vol. 9: Später Schriften. Bonn: Bouvier, 2008a.

______. Vom Sinn des Leides. In: FRINGS, M.S. (ed.). *Gesammelte Werke*. Vol. 6. Bonn: Bouvier, 2008b, p. 36-72.

______. Vom Wesen der Philosophie und der moralischen Bedingung des philosophischen Erkennens.

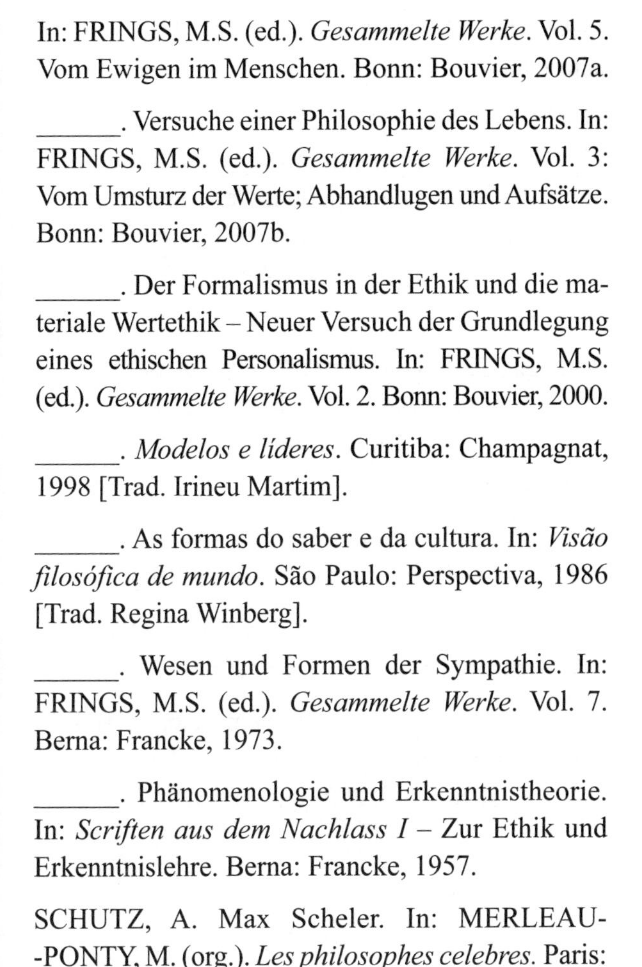

In: FRINGS, M.S. (ed.). *Gesammelte Werke*. Vol. 5. Vom Ewigen im Menschen. Bonn: Bouvier, 2007a.

______. Versuche einer Philosophie des Lebens. In: FRINGS, M.S. (ed.). *Gesammelte Werke*. Vol. 3: Vom Umsturz der Werte; Abhandlugen und Aufsätze. Bonn: Bouvier, 2007b.

______. Der Formalismus in der Ethik und die materiale Wertethik – Neuer Versuch der Grundlegung eines ethischen Personalismus. In: FRINGS, M.S. (ed.). *Gesammelte Werke*. Vol. 2. Bonn: Bouvier, 2000.

______. *Modelos e líderes*. Curitiba: Champagnat, 1998 [Trad. Irineu Martim].

______. As formas do saber e da cultura. In: *Visão filosófica de mundo*. São Paulo: Perspectiva, 1986 [Trad. Regina Winberg].

______. Wesen und Formen der Sympathie. In: FRINGS, M.S. (ed.). *Gesammelte Werke*. Vol. 7. Berna: Francke, 1973.

______. Phänomenologie und Erkenntnistheorie. In: *Scriften aus dem Nachlass I* – Zur Ethik und Erkenntnislehre. Berna: Francke, 1957.

SCHUTZ, A. Max Scheler. In: MERLEAU-PONTY, M. (org.). *Les philosophes celebres*. Paris: Mazenod, 1956.

SPIEGELBERG, H. *The phenomenological movement*. Haia: Martinus Nijhoff, 1982.

STAUDE, J.R. *Max Scheler (1874-1928)* – An intellectual portrait. Toronto: The Macmillan Company, 1967.

TENGELY, L. Introdución à la phénoménologie – Le sens de l'experience et son expression langagière. In: *Phénice* – La revue du Centre d'Etudes Phénoménologiques de Nice, n. 1-3, jan./2006, p. 1-142.

WITTERIEDE, H. *Eine Einführung in die Philosophische Anthropologie* – Max Scheler, Helmuth Plessner, Arnold Gehlen. Frankfurt am Main: Peter Lang, 2009.

WOJTYLA, K. *Max Scheler e a ética cristã*. Curitiba: Champagnat: 1993 [Trad. Diva Toledo Pisa].

ZAHAVI, D. *Husserl's phenomenology*. Stanford, CA: Stanford University Press, 2003.

______. Beyond empathy – Phenomenological approaches to intersubjectivity. In: *Journal of Consciousness Studies*, vol. 8, n. 5-7, 2001, p. 151-167.

COLEÇÃO 10 LIÇÕES
Coordenador: *Flamarion Tavares Leite*

– *10 lições sobre Kant*
Flamarion Tavares Leite
– *10 lições sobre Marx*
Fernando Magalhães
– *10 lições sobre Maquiavel*
Vinícius Soares de Campos Barros
– *10 lições sobre Bodin*
Alberto Ribeiro G. de Barros
– *10 lições sobre Hegel*
Deyve Redyson
– *10 lições sobre Schopenhauer*
Fernando J.S. Monteiro
– *10 lições sobre Santo Agostinho*
Marcos Roberto Nunes Costa
– *10 lições sobre Foucault*
André Constantino Yazbek
– *10 lições sobre Rousseau*
Rômulo de Araújo Lima
– *10 lições sobre Hannah Arendt*
Luciano Oliveira
– *10 lições sobre Hume*
Marconi Pequeno
– *10 lições sobre Carl Schmitt*
Agassiz Almeida Filho
– *10 lições sobre Hobbes*
Fernando Magalhães
– *10 lições sobre Heidegger*
Roberto S. Kahlmeyer-Mertens
– *10 lições sobre Walter Benjamin*
Renato Franco
– *10 lições sobre Adorno*
Antonio Zuin, Bruno Pucci e Luiz Nabuco Lastoria
– *10 lições sobre Leibniz*
André Chagas
– *10 lições sobre Max Weber*
Luciano Albino
– *10 lições sobre Bobbio*
Giuseppe Tosi

– *10 lições sobre Luhmann*
Artur Stamford da Silva
– *10 lições sobre Fichte*
Danilo Vaz-Curado R.M. Costa
– *10 lições sobre Gadamer*
Roberto S. Kahlmeyer-Mertens
– *10 lições sobre Horkheimer*
Ari Fernando Maia, Divino José da Silva e Sinésio Ferraz Bueno
– *10 lições sobre Wittgenstein*
Gerson Francisco de Arruda Júnior
– *10 lições sobre Nietzsche*
João Evangelista Tude de Melo Neto
– *10 lições sobre Pascal*
Ricardo Vinícius Ibañez Mantovani
– *10 lições sobre Sloterdijk*
Paulo Ghiraldelli Júnior
– *10 lições sobre Bourdieu*
José Marciano Monteiro
– *10 lições sobre Merleau-Ponty*
Iraquitan de Oliveira Caminha
– *10 lições sobre Rawls*
Newton de Oliveira Lima
– *10 lições sobre Sócrates*
Paulo Ghiraldelli Júnior
– *10 lições sobre Scheler*
Roberto S. Kahlmeyer-Mertens